Le livre d'or des poètes

DU MÊME AUTEUR

POÉSIE

Les mots entre eux, Seghers, 1969.
Paroles au piège, Millas-Martin, 1972, Prix F. Villon, 1972.
Les mots de passe, Club du poème, 1972.
Pour nommer ou *les mots perdus,* Éd. Saint-Germain-des Prés, 1972.
Des mots à la source, Seghers, 1972.
Les mots du ressac, Seghers, 1975.
Cette chose sans nom, Éd. Saint-Germain-des-Prés, 1980.
Les mots du dessous, Éd. Saint-Germain-des-Prés, 1980.
Les mots d'Apijo, Éd. Saint-Germain-des-Prés, 1980.
D'entre les mots, Éd. Saint-Germain-des-Prés, 1985, Prix Louise Labé, 1985.

ESSAIS

Sur le nouveau roman, Peuple et culture, 1968.
La poésie, Seuil, 1969.
Le roman, Seuil, 1971.
Le théâtre, Seuil, 1977.
Pour une pédagogie de l'imaginaire, Casterman, 1977.
Culture personnelle et action pédagogique, Casterman, 1978.
Les voies de l'imaginaire enfantin, Scarabée, 1979.
Le pouvoir des contes, Casterman, 1980.
Lectures de la poésie, Éd. Saint-Germain-des-Prés, 1980.
Bachelard, l'enfance et la pédagogie, Scarabée, 1982.
Le plaisir des mots, Gallimard, 1980, Prix de la Fondation de France.
Le racisme raconté aux enfants, Éditions ouvrières, 1984.
Mon premier cahier de poésie, Retz, 1984.
L'enfant et la poésie (en collaboration avec Christian Da Silva et J.H. Malineau), Armand Colin, 1984.
La passion d'enseigner, Éd. du Sorbier, 1985.
L'écriture mémoire des hommes, Gallimard, 1988.

ANTHOLOGIES

Il était une fois la poésie... La Farandole, 1974.
L'arbre en poésie, Gallimard, 1979.
La liberté en poésie, Gallimard, 1979.
Les voyages en poésie, Gallimard, 1980.
L'amour et l'amitié en poésie, Gallimard, 1981.
La campagne en poésie, Gallimard, 1982.
Comptines, Larousse, 1987.
Poussières d'images, Larousse, 1988.

DIVERS

Le petit enfant et la poésie, Poésie I, 1980.
Le livre de tous mes amis, Gallimard, 1980.
Dictionnaire de la poésie française (en collaboration avec J. Charpentreau), Gallimard, 1981.
Un matin à Venise (en collaboration avec E. Genouvrier et P. Fresnault Desruelle), Larousse, 1980.
La gare de Claire, ibid., 1980.
Alkemistor mirobolant, ibid., 1980.
Voyage dans un timbre, ibid., 1980.
Les nièces du peintre, ibid., 1983.
La tempête, ibid., 1983.
Le dernier seigneur de la guerre (illustré par André Barbe), Larousse, 1984.
Le livre de tous les pays, Gallimard, 1984.

DISQUE

Chevauchée sidérale, Musique et interprétation : Max Rongier. Disque 30 cm. Disque Arc-en-Ciel. Studio S.M. 37.

CINÉMA

Liberté de la nuit, essai sur l'âme romantique. Réalisation F. Bouchet, 1978.

Georges Jean

Le livre d'or des poètes

A partir de 10 ans

4

Seghers

ISBN : 2-232-10212-2

DES LIVRES POUR VIVRE !

*Avec ce quatrième « Livre d'Or » nous poursuivons notre exploration des lieux multiples de la poésie universelle. Ici, cependant, l'humour et l'absurde deviennent, si l'on peut dire, un peu plus sérieux. Ainsi dans l'*Ode *de Théophile de Viau, et surtout dans le texte de Xavier Forneret* (Un pauvre honteux) *et dans la complainte de Jules Laforgue* (La Chanson du petit hypertrophique). *Dans ces deux derniers textes, nous touchons même à l'humour noir. Nous retrouvons également le monde extérieur sous un aspect plus général* (Dehors) *et, pourrait-on dire, plus onirique. Avec des moments du jour ou des saisons recréés pour le songe profond par Du Bellay, Hugo, Baudelaire, Saint-John Perse, etc. Et puis encore, le thème de l'eau* (L'Eau et les Songes). *La voix de Bachelard nous poursuit et les rivières de René Char, de Claude Roy, comme l'étonnant poème de reflets du poète baroque, Pierre Le Moyne conduisent à des plongées profondes. A ce « dehors » fait pendant et s'oppose le thème « Maisons, Intérieurs », une suite de parcours silencieux dans les maisons avec le regard calme et aigu de Reverdy, l'inimitable musique de Léon-Paul Fargue, les meubles inspirés et inspirants de Cadou...*

Puis nous retrouverons les hommes (mais les avons-nous quittés ?) dans quatre séquences : « Des Gens », « Villes », « L'Amour, la Mort, la Vie », « Liberté ». « Des gens », ce sont quelques poèmes sur des « êtres » : Les Goinfres *de Saint-Amant, les noirs opprimés de René Depestre, le pathétique Gaspard Hauser de Verlaine et quelques autres. Avec* Villes, *c'est tout le monde contemporain qui approche (il faudra bien aborder dans les livres qui devraient suivre, le moteur, l'espace cosmique, etc.) avec ce que le progrès détruit déjà* (L'Ancienne Gare de Cahors), *avec les nouvelles merveilles (Michel Butor et* Réseau aérien*), les nouvelles injustices (*Chanson du Marchand *de Bertolt Brecht), les nouveaux espoirs (*Les Portes de Jade *de Li Ying). Puis nous avançons dans le cœur de l'homme. En empruntant à Eluard un titre, « L'Amour, la Mort, la Vie », nous avons voulu respecter assez l'enfant et les jeunes de notre temps pour qu'ils atteignent* *par le poème l'intensité des passions humaines, la froide horreur des jeunes morts* (Le Dormeur du Val), *comme les plaisirs des calmes paresses* (Le Songe d'un habitant du Mogol), *comme les radieux enthousiasmes des derniers poèmes d'amour de Paul Eluard. Nous n'aurions été honnêtes ni envers nos lecteurs, ni envers nous-mêmes, ni envers la poésie, si nous n'avions pas refermé le dernier tome de cette première série de « Livres d'Or », sur des textes où la poésie « prend les armes ». Les cris des poètes contre l'injustice, contre la torture et la liberté, ces cris contre la mort qui retentissent de Hugo à Brecht, proclament que le songe poétique n'est pas évasion et qu'une certaine morale (à ne pas confondre avec cette poésie morale dont les vieux livres de « récitation » offrent tant d'exemples burlesques ou sinistres) parcourt tout discours poétique authentique.*

Et nous voudrions, à l'orée de ce quatrième volume, préciser comment, selon nous, ces textes, effusions ou cris, peuvent prendre possession de nous et de l'enfance. Et cela sur deux plans complémentaires :

– La rencontre de l'enfant et du texte poétique passe, nous l'avons vu (Présentation du Livre III), par un cheminement à effectuer entre le désir de créer et la création accomplie. Cette création – le texte, le poème – ne se donne pas spontanément. Mais une analyse prématurément systématique, une explication trop détaillée, surtout avec de jeunes enfants (et même avec les adultes) conduisent à la réduction du texte, à sa disparition. Lire un poème, l'appréhender n'est pas le découper en tranches, c'est encore moins le « traduire », c'est-à-dire le commenter pour tenter de savoir ce que le poète « a voulu dire ». André Breton disait en substance que ce que le poète avait voulu dire, c'est ce qu'il avait dit effectivement ! Dans la grande majorité des cas, lire un poème pour un enfant, c'est d'abord s'en imprégner, ce qui requiert une faculté précieuse entre toutes et qui disparaît, l'attention. *Lire un poème c'est bien lire un texte, tout le texte, rien que le texte, dans toutes ses dimensions. La lecture d'un poème exige en effet que s'articulent et se rejoignent une lecture horizontale : lire les vers ou les phrases dans leur continuité mélodique, et une lecture verticale : percevoir les structures harmoniques du poème. Ces termes ne recouvrent d'ailleurs pas des conduites pédagogiques très com-*

pliquées ; les enfants perçoivent très bien par exemple que dans un poème les sonorités se suivent, s'opposent, se répondent. Dans le même ordre d'idées, l'enfant, avec un peu d'entraînement, prend très rapidement l'habitude, pour peu que la lecture du maître ou de l'adulte ou d'un camarade soit bonne (nous reviendrons là-dessus), d'aller « au bout du sens », c'est-à-dire de percevoir sous la prosodie la continuité ou les ruptures de la syntaxe. Lire un poème, c'est en fait découvrir la superposition des architectures qui le constituent. Les quelques remarques qui constituent nos notices ne veulent être que des amorces pour cette découverte.

Mais rien ne pourra être fait, si la lecture à haute voix, ce que l'on appelle communément la « diction » ne constitue pas d'abord, et surtout, le respect du poème dans le texte. C'est pourquoi le moment de récitation doit être remis à sa place qui reste fondamentale.

Il arrive, plus souvent qu'on ne le pense en général, que l'enfant découvre d'un coup « le dire » du poème. Et chaque fois que cela est possible et que cela se produit, le maître, l'adulte ne devraient pas intervenir prématurément. Ils devraient le faire chaque fois que l'enfant ne perçoit pas ou perçoit mal sa lecture, à lui. Par ailleurs, on ne devrait plus imposer cette « récitation » comme un pensum obligatoire. Dans les groupes d'enfants où la poésie est présente cette obligation est d'ailleurs inutile, la récitation devenant rapidement le plaisir de tous, pour tous.

Il reste que le maître, l'adulte, l'animateur doivent apprendre à dire la poésie, c'est-à-dire à la respecter. Les textes que nous proposons sont tous (ou presque) des textes à dire. Nous croyons donc nécessaire de proposer ici quelques simples réflexions à ce sujet, dont on trouvera quelques échos dans nos petites notices.

– Dire un texte, c'est savoir respirer et le respirer.

– Dire un texte, c'est savoir articuler, c'est-à-dire tout simplement prononcer ce qui est écrit ; sans « avaler » les mots par exemple.

– Dire un texte, c'est respecter sa « métrique ». La poésie française a ceci de particulier qu'elle repose, dans sa forme classique (et la majorité des textes contemporains en gardent la

trace), sur le compte des syllabes. Et le piège principal qu'elle tend est le sort que l'on doit réserver au « e » muet. On trouvera dans tous les traités de versification et de diction les règles simples concernant ces divers problèmes.

– Dire un texte, c'est respecter son accentuation, c'est-à-dire le fait que certaines syllabes durent plus longemps que d'autres. En français, l'accent porte (dans la prose comme dans la poésie) sur la dernière syllabe de chaque groupe fonctionnel. Les variations de cette accentuation constituent le secret d'une bonne diction.

– Dire un texte, c'est enfin dire le *texte, c'est éviter comme Valéry le faisait remarquer d'ajouter à ce qui est écrit un « ton » qui fait plus valoir le « diseur » que le poème. C'est à ce prix que la voix de chacun, de chaque enfant, avec son timbre personnalisé, deviendra poésie et que la diction sera elle aussi « créatrice ».*

A chacun de faire ce qu'il entend de ces propositions, Nos « Livres d'Or », nous le répétons, ne sont que des « bases » de départ et ils auraient atteint leur but si le nombre de leurs pages blanches se révélait vite insuffisant.

La poésie est une passion exigeante. Nous n'avons pas voulu donner des recettes mais permettre à chacun, les enfants, les adolescents, leurs maîtres, leurs parents, la découverte plus aisée d'un cheminement qui n'est pas donné mais qui se conquiert « à force de plaisirs ». Ici encore, dans les pages blanches, les choix, les créations personnelles des lecteurs feront du « Livre d'Or » un livre unique, personnel. L'homme est condamné à l'asphyxie et à la servitude s'il ne retrouve pas ses racines, ses sources vives, cette « raison ardente » qui nous aide dans la poésie à ouvrir les yeux sur nos songes et sur notre réalité d'homme parmi les hommes. Ces « Livres d'Or » voudraient modestement mais essentiellement êtres des « livres » pour vivre à visage découvert et pour que « le poids énorme des paroles » contribue à changer le monde.

GEORGES JEAN

Jeux de Mots

ANONYME - XVIIIe SIECLE

On connaît plusieurs versions de cette chanson datant du XVIIIe siècle, et qui s'inscrit dans une longue tradition d'humour verbal absurde qui, des « Fatrasies » du Moyen Age, va jusqu'à Prévert, Queneau, Boris Vian.

POUR DIRE :
Monté comme une série de petits dialogues, ce « poème » se prête très bien à une « mise en scène » burlesque et mimée.

LES MENSONGES

Oh, j'ai vu, j'ai vu
Compèr' qu'as-tu vu ?
J'ai vu une vache
Qui dansait sur la glace
A la Saint-Jean d'été
Compèr' vous mentez.

Ah, j'ai vu, j'ai vu
Compèr' qu'as-tu vu ?
J'ai vu une grenouille
Qui faisait la patrouille
Le sabre au côté
Compèr' vous mentez.

Ah, j'ai vu, j'ai vu
Compèr' qu'as-tu vu ?
Ah, j'ai vu un loup
Qui vendait des choux
Sur la place Labourée,
Compèr' vous mentez.

Ah, j'ai vu, j'ai vu
Compèr' qu'as-tu vu ?
J'ai vu une anguille
Qui coiffait une fille
Pour s'aller marier,
Compèr' vous mentez.

Le Livre d'Or de la poésie

VICTOR HUGO

A nouveau Hugo, le généreux Hugo, dans cette chanson étourdissante, satire enflammée, ironique, du « bourgeois » par un Gavroche échappé pour un moment des *Misérables*.

Ce qui ne doit pas faire oublier la fantaisie verbale des refrains.

Hugo aimait les mots des comptines, et les chansons pour lui sont des armes.

POUR DIRE :
Bien détailler les couplets, le caractère populaire de certaines expressions ou tournures, la violence des envolées, la prodigieuse variété du registre.

Peut se dire à plusieurs voix et en chœur parlé.

L'AUTEUR :

Né à Besançon en 1802. Mort à Paris en 1885. On a tellement dégoûté des générations d'enfants et d'adultes de Victor Hugo en en faisant « le grand-père officiel de la récitation à l'école » qu'il est temps de découvrir un immense poète aux voix infinies.

CHANSON DE GAVROCHE

La bourgeoisie est un veau
Qui s'enrhume du cerveau
Au moindre vent frais qui souffle ;
Le bourgeois c'est la pantoufle
Qu'un roi met sous ses talons
Pour marcher à reculons.

Je fais la chansonnette,
Faites le rigodon.
Ramponneau Ramponnette, don !
Ramponneau Ramponnette !

Le bourgeois est un grimaud
Qui prend sa pendule au mot
Chaque fois qu'elle retarde.
Il contresigne en bâtarde
Coups d'État, décrets, traités
Et toutes les lâchetés.

Je fais la chansonnette...

Il enseigne à ses marmots
Comment on rit de nos maux ;
Pour lui, le peuple et la France,
La liberté, l'espérance,
L'homme et Dieu sont au-dessous
D'une pièce de cent sous.

Je fais la chansonnette...

Le bourgeois a des regrets ;
Il pleure sur le progrès,
Sur ses loyers qu'on effleure,
Sur les rois, fiacres à l'heure,
Sur la caisse, et sur la fin
Du monde où l'on avait faim.

Je fais la chansonnette...

Toute la lyre

JULES LAFORGUE

Sous des « airs » de chanson populaire, voici une déchirante complainte et sans doute un cri d'amour du poète à l'adresse de sa mère.

POUR DIRE :

Surtout ne pas chercher à chanter cette chanson.

L' « air » est plus imaginaire que réel ; chacun le recrée à partir des refrains : « Tir lan, laire... etc. »

Et surtout à partir du dernier vers de chaque strophe avec la variation légère, mais essentielle, de la dernière ligne du poème.

Les apostrophes sont comme dans les chansons populaires, nécessaires. Il faut les marquer ; on n'entend pas les « e » muets.

L'AUTEUR :

Poète français né à Montevideo en 1860, mort à Paris en 1887. Il avait 27 ans. Quelques-unes de ces complaintes sont célèbres. Mais en réalité toute sa poésie, humoristique, désespérée, et qui « rit en pleurs » est à réentendre ou à entendre.

LA CHANSON DU PETIT HYPERTROPHIQUE

C'est d'un' maladie d'cœur
Qu'est mort', m'a dit l'docteur,
    Tir-lan-laire !
    Ma pauv' mère ;
Et que j'irai là-bas,
Fair' dodo z'avec elle.
J'entends mon cœur qui bat,
C'est maman qui m'appelle !

On rit d'moi dans les rues,
De mes min's incongrues
    La-i-tou
    D'enfant saoul ;
Ah ! Dieu ! C'est qu'à chaqu'pas
J'étouff', moi, je chancelle !
J'entends mon cœur qui bat,
C'est maman qui m'appelle !

Aussi j'vais par les champs
Sangloter aux couchants,
    La-ri-rette !
    C'est bien bête.
Mais le soleil, j'sais pas,
M'semble un cœur qui ruisselle !
J'entends mon cœur qui bat,
C'est maman qui m'appelle !

Ah ! si la p'tite Gen'viève
Voulait d'mon cœur qui s'crève,
    Pi-lou-i !
    Ah! oui !
J'suis jaune et triste, hélas !
Elle est ros', gaie et belle !
J'entends mon cœur qui bat !
C'est maman qui m'appelle !

Non, tout l'monde est méchant,
Hors le cœur des couchants,
    Tir-lan-laire !
    Et ma mère,
Et j'veux aller là-bas

Fair'dodo z'avec elle...
Mon cœur bat, bat, bat...
Dis, Maman, tu m'appelles ?

Le Sanglot de la terre

Notes, dessins, poèmes personnels.

THÉOPHILE DE VIAU

Ce très beau texte « fantastique » se présente comme une vision, digne de Jérôme Bosch et de Breughel.

Avec cependant une certaine logique dans l'absurde puisque toute la seconde strophe est l'énumération de phénomènes insolites présentant des situations inversées.

Mais cela peut être aussi bien une série d'hallucinations dues à la nuit et à l'orage.

POUR DIRE :

Veiller à respecter la chaude musique de cette ode, toute d'équilibre, de sonorités en écho :

Par exemple :

« *Ce ruisseau remonte en sa source*
Un bœuf gravit sur un clocher
Le sang coule de ce rocher » *etc.*

MOTS :

Haut mal : épilepsie (vers 6)

Charon : le nautonier des Enfers (vers 9)

Gravir : grimper (vers 12)

Aspic : petit serpent (vers 14).

L'AUTEUR :

Poète français né à Clairac en Agenais (Lot-et-Garonne actuellement) en 1590. Mort en 1626 à 36 ans. Traqué durant une bonne partie de sa courte vie pour la liberté de sa pensée et de son art, il est un des très grands poètes français du début du XVIIe siècle tant pour la radieuse musique de ses vers que pour l'indépendance de son inspiration.

ODE

Un corbeau devant moy croasse
Une ombre offusque mes regards ;
Deux bellettes et deux renards
Traversent l'endroit où je passe ;
Les pieds faillent à mon cheval,
Mon laquay tombe du haut mal ;
J'entends craqueter le tonnerre ;
Un esprit se présente à moy ;
J'oy Charon qui m'appelle à soy,
Je voy le centre de la terre.

Ce ruisseau remonte en sa source ;
Un bœuf gravit sur un clocher ;
Le sang coule de ce rocher ;
Un aspic s'accouple d'une ourse ;
Sur le haut d'une ville tour
Un serpent deschire un vautour ;
Le feu brusle dedans la glace ;
Le soleil est devenu noir ;
Je voiy la Lune qui va cheoir ;
Cest arbre est sorty de sa place.

RENÉ DE OBALDIA

Fantaisie pour petits et grands enfants dans l'esprit des comptines.

Il suffit de se laisser aller à ces couplets remplis d'humour nourris de quelques souvenirs... et surtout ne pas trop chercher à comprendre... Car il ne resterait plus rien de cette « histoire »...

POUR DIRE :
Peut se dire sur un air de chanson à inventer.

L'AUTEUR :

Il est né à Hong-Kong en 1918. Romancier, auteur dramatique, René de Obaldia a publié deux recueils de poèmes : *Les Richesses naturelles* et *Innocentines,* ce dernier destiné aux enfants de 2 à 75 ans... Tout un programme !

MOI J'IRAI DANS LA LUNE

Moi, j'irai dans la lune
Avec des petits pois,
Quelques mots de fortune
Et Blanquette, mon oie.

Nous dormirons là-haut
Un p'tit peu de guingois
Au grand pays du froid
Où l'on voit des bateaux
Retenus par le dos.

Bateaux de brise-bise
Dont les ailes sont prises
Dans de vastes banquises.

Et des messieurs sans os
Remontent des phonos.

Blanquette sur mon cœur
M'avertira de l'heure :
Elle mange des pois
Tous les premiers du mois,
Elle claque du bec
Tous les minuits moins sept.

Oui, j'irai dans la lune !
J'y suis déjà allé
Une main dans la brume
M'a donné la fessée.

C'est la main de grand'mère
Morte l'année dernière.
(La main de mon Papa
Aime bien trop les draps !)

Oui, j'irai dans la lune,
Je vais recommencer.
Cette fois en cachette
En tenant mes souliers.

Pas besoin de fusée
Ni de toute une armée,
Je monte sur Blanquette
Hop ! on est arrivé !

Innocentines

Notes, dessins, poèmes personnels.

XAVIER FORNERET

Ce « monologue » repose tout entier sur la « surprise » provoquée par les dernières lignes.

Cette histoire horrible (et drôle) évoque du même coup le poète « maudit », tel qu'on peut l'imaginer famélique et gelé.

Et il y a surtout cette espèce de « bête merveilleuse » qu'est... mais vous avez lu le texte ou vous allez le faire.

POUR DIRE :

Le mouvement presque musical et aérien des premières strophes est suivi d'une sorte d' « allegro » : « Il l'a pliée, etc. »

Puis la moralité prosaïque.

Emphase légère, drame, puis dénouement froid.

L'AUTEUR :

Poète français né à Beaune en 1809, mort en 1884. Un grand méconnu parmi ceux que l'on appelle parfois « les petits romantiques ». Il publia tous ses livres à compte d'auteur. Un des inventeurs de l'«humour noir». Et un des auteurs préférés de Raymond Queneau.

UN PAUVRE HONTEUX

Il l'a tirée
De sa poche percée,
L'a mise sous ses yeux ;
Et l'a bien regardée
En disant : « Malheureux ! »

Il l'a soufflée
De sa bouche humectée ;
Il avait presque peur
D'une horrible pensée
Qui vint le prendre au cœur.

Il l'a mouillée
D'une larme gelée
Qui fondit au hasard ;
Sa chambre était trouée
Encor plus qu'un bazar.

Il l'a frottée,
Ne l'a pas réchauffée,
A peine il la sentait :
Car, par le froid pincée
Elle se retirait.

Il l'a pesée
Comme on pèse une idée,
En l'appuyant sur l'air.
Puis il l'a mesurée
Avec du fil de fer.

Il l'a touchée
De sa lèvre ridée.
D'un frénétique effroi
Elle s'est écriée :
Adieu, embrasse-moi !

Il l'a baisée,
Et après l'a croisée
Sur l'horloge du corps,
Qui rendait, mal montée,
De mats et lourds accords.

Il l'a palpée
D'une main décidée
A la faire mourir.
— Oui, c'est une bouchée
Dont on peut se nourrir.

Il l'a pliée,
Il l'a cassée,
Il l'a placée,
Il l'a coupée,
Il l'a lavée,
Il l'a portée,
Il l'a grillée,
Il l'a mangée.

— Quand il n'était pas grand, on lui avait dit :
— Si tu as faim, mange une de tes mains.

Notes, dessins, poèmes personnels.

Dehors

JOACHIM DU BELLAY

La poésie de l'impondérable légèreté. Pourtant il ne s'agit pas d'un paysan de « poète », mais d'un homme qui travaille (Cf. les sonorités « essoufflées » de la dernière strophe. Surtout les trois derniers vers).

Et cela, par un miraculeux équilibre, est présenté en trois moments :

— L'invocation (1re strophe : « A vous...)

— L'offrande (2e strophe : « J'offre...)

— La prière (3e strophe :

« De votre douce haleine
Eventez cette plaine... »

POUR DIRE :
Sans peser aucunement.
En soulignant discrètement :

— *les sonorités « ouvertes » et « sifflantes » de la 1re strophe*

— *les diminutifs (« ettes ») dans la 2e strophe*

— *Les hiatus accumulés vers la fin de la 3e strophe :*

« Cependant que j'ahane
A mon blé que je vanne
A la chaleur du jour. »

Ce qui exprime, comme nous le disions plus haut le mouvement et l'essoufflement du paysan.

Tout est dans le mot « murmure ».

L'AUTEUR :

Né au bourg de Liré (Anjou) en 1522. Mort à Paris en 1560. On connaît bien la vie brève et douloureuse de ce poète de la Pléiade, ami de Ronsard, peintre très moderne de la peine d'exilé. On connaît moins bien peut-être son amour de la nature et des animaux, dont il a parlé avec beaucoup d'humour et de vérité.

D'UN VANNEUR DE BLÉ AUX VENTS

A vous, troupe légère,
Qui d'aile passagère
Par le monde volez,
Et d'un sifflant murmure
L'ombrageuse verdure
Doucement ébranlez :

J'offre ces violettes,
Ces lis et ces fleurettes,
Et ces roses ici,
Ces merveillettes roses,
Tout fraîchement écloses,
Et ces œillets aussi.

De votre douce haleine
Eventez cette plaine,
Eventez ce séjour,
Cependant que j'ahane
A mon blé que je vanne
A la chaleur du jour.

Jeux rustiques

VICTOR HUGO

Un des innombrables « fragments » retrouvés dans les papiers de Hugo.

Ce fragment, plus qu'un très long poème, est d'une telle densité, d'une telle ampleur secrète, sa respiration est si large que l'on a l'impression que tout Hugo, familier, sensuel... y est contenu.

Observons que seul Hugo peut se permettre des raccourcis, des rapprochements comme :

« Ecoute, tout est noir... »

ou :

« La nuit obscure fait
toute chose pareille. »

POUR DIRE :

Marquer les pauses.

Respirer à pleins poumons et largement.

Ecouter son propre silence.

Dans une totale simplicité.

L'AUTEUR :

Voir notice, p. 12.

Ce silence du soir,
Ce n'est pas le silence. Ecoute ! Tout est noir,
La nuit obscure fait toute chose pareille,
Le ciel verse un repos immense ; pour l'oreille
Tout bruit a cessé. L'âme entend en ce moment
Une foule de voix sortir confusément
De cette ombre en disant des choses inconnues.
Il semble que les eaux, les plaines et les nues
Sont pleines de secrets qu'elles vont révéler,
Et dès que tout se tait, tout commence à parler.

Tas de pierres

ALOYSIUS BERTRAND

Ce poème en prose est bien (comme le sous-titre d'Aloysius Bertrand pour *Gaspard de la Nuit* le laisse pressentir), une « fantaisie » (une scène imaginaire) à la manière du graveur Callot.

Cette évocation, presque entièrement construite autour de bruits, finit par se regarder intensément comme une eau-forte.

POUR DIRE :
Moins à dire qu'à bien lire en silence, pour mieux voir.

MOTS :
Carolus : pièce.

Ladres : lépreux.

Vaticiner : prédire l'avenir dans une sorte de délire.

Jacquemart : automate qui frappe sur une cloche pour marquer l'heure et que l'on peut voir sur les clochers ou beffrois de certaines villes : Venise, Besançon...

L'AUTEUR :

Poète français né en 1807, mort en 1841. Celui que l'on nomma « le plus grand des petits romantiques » mena une vie misérable. Il est l'auteur d'un recueil de poèmes en proses : *Gaspard de la Nuit*, que Baudelaire, avec raison, plaçait au-dessus de tout.

LE CLAIR DE LUNE

Oh ! qu'il est doux, quand l'heure tremble au clocher, la nuit, de regarder la lune qui a le nez fait comme un carolus d'or.

Deux ladres se lamentaient sous ma fenêtre, un chien hurlait dans le carrefour, et le grillon de mon foyer vaticinait tout bas.

Mais bientôt mon oreille n'interrogea plus qu'un silence profond. Les lépreux étaient rentrés dans leurs chenils, aux coups de Jacquemart qui battait sa femme.

Le chien avait enfilé une venelle, devant les pertuisanes du guet enrouillé par la pluie et morfondu par la bise.

Et le grillon s'était endormi, dès que la dernière bluette avait éteint sa dernière lueur dans la chambre de la cheminée.

Et moi, il me semblait — tant la fièvre est incohérente — que la lune, grimant sa face, me tirait la langue comme un pendu.

Gaspard de la Nuit

CHARLES BAUDELAIRE

Baudelaire a une prédilection particulière pour les « soleils couchants ». Ici, sur un rythme de valse triste, par des répétitions de vers réguliers, nous avançons vers la nuit : « le néant vaste et noir » dans une sorte de solennelle célébration religieuse.

Reste le souvenir de la femme aimée : « Ton souvenir en moi luit comme un ostensoir ».

POUR DIRE :
Veiller :

— à respecter un rythme ternaire dans chaque vers,

— à reprendre chaque répétition dans la même tonalité,

— à se laisser bien pénétrer par les harmonies sonores qui se répondent dans tout le poème,

— à ne pas chercher l'explication « claire » d'abord. Elle devrait surgir peu à peu de lectures multiples.

MOTS :
Reposoir : support en forme d'autel sur lequel le prêtre dépose le Saint Sacrement au cours d'une procession.

Ostensoir : objet du culte dans lequel on présente l'hostie aux fidèles.

L'AUTEUR :

Né à Paris en 1821. Mort en 1867. On a dit que toute la poésie française de notre temps passe par Baudelaire. Il est plus que tous les autres « un contemporain capital ».

HARMONIE DU SOIR

Voici venir les temps où vibrant sur sa tige
Chaque fleur s'évapore ainsi qu'un encensoir ;
Les sons et les parfums tournent dans l'air du soir,
Valse mélancolique et langoureux vertige !

Chaque fleur s'évapore ainsi qu'un encensoir ;
Le violon frémit comme un cœur qu'on afflige ;
Valse mélancolique et langoureux vertige !
Le ciel est triste et beau comme un grand reposoir.

Le violon frémit comme un cœur qu'on afflige,
Un cœur tendre, qui hait le néant vaste et noir !
Le ciel est triste et beau comme un grand reposoir ;
Le soleil s'est noyé dans son sang qui se fige.

Un cœur tendre, qui hait le néant vaste et noir,
Du passé lumineux recueille tout vestige !
Le soleil s'est noyé dans son sang qui se fige...
Ton souvenir en moi luit comme un ostensoir !

Les Fleurs du Mal

SAINT-JOHN PERSE

Pays imaginaire et réel, pays de mer, il suffit de se laisser bercer, les yeux fermés pour entrer dans la vision du poète.

Inquiètude, angoisse : « L'orage noue ses robes noires et le ciel chasse sur ses ancres ».

Tout est dans ce calme, cette attente. Pourquoi chercher à en savoir plus.

POUR DIRE :
Lire ce qui est écrit — *sans trop analyser le sens de chaque mot. L'essentiel est d'abord dans le mouvement et les appels sonores :*

Par exemple le début : « L'hiver venu, la mer en chasse, la nuit remonte les estuaires, et les voiliers d'offrandes se bercent aux voûtes des sanctuaires ». (4 *syllabes* + 4 *syllabes* + 7 *syllabes* + 15 *syllabes*) *Amplification. Multiplier ce type d'analyse.*

A partir de là, le poème s'installe en nous et le sens est dit.

MOTS :
Voiliers d'offrande : voiliers miniatures offerts par les marins sauvés de naufrages et suspendus aux voûtes des églises.

Buccins : gros mollusques avec les coquilles desquels les Anciens faisaient des trompettes.

Chasser sur ses ancres : le bateau qui chasse sur ses ancres les entraîne n'étant plus retenu (comme l'orage ici qui va éclater).

L'AUTEUR :

Né en 1887 à Pointe-à-Pitre, ce diplomate (de son vrai nom Alexis Léger) est une voix unique dans la poésie contemporaine. Par les seules ressources d'un langage somptueux et d'une savante rhétorique il a créé des univers et des aventures fabuleuses, qui nous concernent. Mort en 1975.

L'hiver venu, la mer en chasse, la nuit remonte les estuaires, et les voiliers d'offrande se bercent aux voûtes des sanctuaires. Les cavaliers en Est sont apparus sur les chevaux couleur de poil de loup. Les tombereaux chargés d'herbes amères s'élèvent dans les terres. Et les vaisseaux à sec sont visités de petites loutres de rivage. Les étrangers venus de mer seront soumis au cens.

Amie, j'ai vu nos yeux barrés de mer, comme sont les yeux de l'Egyptienne. Et les barques de plaisance sont tirées sous les porches, par les allées bordées de conques, de buccins ; et les terrasses disjointes sont envahies d'un peuplement tardif de petits lis des sables. L'orage noue ses robes noires et le ciel chasse sur ses ancres. Les hautes demeures sur les caps sont étayées de madriers. On rentre les cages d'oiseaux nains.

Amers

THÉOPHILE DE VIAU

J'ai retenu de ce long poème, quelques strophes qui peuvent encore nous dire quelque chose aujourd'hui.

Elles constituent une suite d'impressions d'une extraordinaire fraîcheur, et plus encore la vision réelle et transfigurée du monde que donne un poète, sensible aux lentes métamorphoses de la nature et de l'univers ; les images sont d'un étonnant modernisme :

« Peu à peu le front des étoiles
S'unit à la couleur des cieux... »
« Une confuse violence
Trouble le calme de la nuit
Et la lumière avec le bruit
Dissipe l'ombre et le silence... »

Mais il s'agit en même temps de travaux quotidiens, de la vie de tous les jours, et pour terminer dans la note du temps, d'un hommage galant.

POUR DIRE :

En articulant avec soin.

Un vers comme « Une confuse violence » disparaît si on ne prononce pas « vi-olence »
1 2 3

Dans le même sens, attention aux « e » muets.

Observer que chaque strophe constitue une phrase à elle seule. Ce sont des « stances ».

L'AUTEUR :

Voir notice, p. 18.

LE MATIN

L'Aurore sur le front du jour
Seme l'azur, l'or et l'yvoire
Et le Soleil, lassé de boire,
Commence son oblique tour.

Ses chevaux au sortir de l'onde,
De flamme et de clarté couverts,
La bouche et les naseaux ouverts,
Ronflent la lumière du monde.

. . . .

La lune fuit devant nos yeux ;
La nuict a retiré ses voiles ;
Peu à peu le front des estoilles
S'unit à la couleur des cieux.

Les ombres tombent des montagnes,
Elles croissent à vue d'œil
Et d'un long vêtement de deuil
Couvrent la face des campagnes.

. . . .

Déjà la diligente avette
Boit la marjolaine et le thym,
Et revient riche du butin
Qu'elle a pris sur le mont Hymette.

. . . .

Je vois les agneaux bondissants
Sur les bleds qui ne font que naistre ;
Cloris, chantant les mène paistre

Parmy les coteaux verdissants.
Les oiseaux, d'un joyeux ramage,
En chantant semblent adorer
La lumière qui vient dorer
Leur cabinet et leur plumage.

. . . .

La charrue escorche la plaine ;
Le bouvier, qui suit les sillons
Presse de voix et d'aiguillons
Le couple de bœufs qu'il entraîne.

Alix apprête son fuseau ;
Sa mère qui lui fait la tâche
Presse le chanvre qu'elle attache
A sa quenouille de roseau.
Une confuse violence
Trouble le calme de la nuit
Et la lumière avec le bruit
Dissipe l'ombre et le silence.
. . . .
Les bêtes sont dans leur tanière
Qui tremblent de voir le soleil
L'homme remis par le sommeil
Reprend son œuvre coutumière.
Le forgeron est au fourneau ;
Voy comme le charbon s'allume
Le fer rouge dessus l'enclume
Estincelle sous le marteau.
Cette chandelle semble morte,
Le jour la fait évanouir ;
Le Soleil vient nous éblouir :
Voy qu'il passe au travers la porte !
Il est jour : levons-nous Philis ;
Allons à notre jardinage,
Voir s'il est comme ton visage,
Semé de roses et de lis.

Poésies

Notes, dessins, poèmes personnels.

“L’Eau et les Rêves”

PIERRE LE MOYNE

On trouve ainsi dans la poésie française du XVIIe siècle encore bien mal connue, des « moment » où l'amour de la nature et des éléments naturels efface les allusions mythologiques et les ornements. Ainsi dans ce texte de Pierre Le Moyne où les reflets, les échos, les sensations premières surgissent d'une eau profonde recréée par les mots. Laisser ces textes se réfléchir en chacun ; les enfants y sont très sensibles.

POUR DIRE :
Comme coule un murmure.

L'AUTEUR :

A écrit entre autres ouvrages, une vaste épopée héroïque : *Saint-Louis ou la Sainte Couronne conquise par les infidèles* (1653), qui contient des moments de pure poésie.

Un des plus secrets poètes « pour l'eau et les rêves ».

UN LIQUIDE MIROIR

...Il n'est rien de charmant, comme l'est cette source,
La grâce, et la fraischeur accompagnent sa course ;
Elle a je ne sçay quoy d'éclatant et de noir,
Dont les ombres se font un liquide miroir.
La nuit tous les matins y laisse son image,
Que ses hostes touffus couvrent de leur feuillage.
Le plus beau des Zephyrs étendu sur le bord,
Resve au bruit inégal de l'onde qui l'endort,
Et qui par menus plis se traisnant sur la plaine,
Emporte avecque soy les soupirs et l'haleine
De ce doux créateur des beaux jours et des fleurs,
Qui rafraischit par là ses premières chaleurs...

RENÉ CHAR

Dans cette chanson René Char rend hommage à la rivière de sa petite ville natale, l'Isle-sur-Sorgue, dans le Vaucluse.

La rivière charrie la vie, le monde proche, les moments heureux, les malheurs.

Elle est la permanence de la liberté et nous rappelle à l'ordre :

« Rivière au cœur jamais détruit dans ce monde fou de prison,

Garde-nous violent et ami des abeilles de l'horizon. »

POUR DIRE :

René Char réussit dans ce texte à montrer les remous de la rivière dans les remous des phrases et le rythme inégal mais comme perpétuel des mots et des sonorités.

Insister sur le caractère énumératif du poème, sur les assonances et les rimes.

MOTS :

Farfelus : un peu fous, bizarres.

Embouquant : s'embouquer, s'engager dans une passe étroite (ici, le cri qui suit le courant).

L'AUTEUR :

Né à l'Isle-sur-Sorgue, dans le Vaucluse, en 1907. Mort en 1988.

Poète exigeant, difficile, mais non obscur comme on le dit. Pour lui la poésie n'est pas un ornement. Elle est le langage en travail pour « l'homme requalifié ».

LA SORGUE

Chanson pour Yvonne

Rivière trop tôt partie, d'une traite, sans compagnon,
Donne aux enfants de mon pays le visage de ta passion.
Rivière où l'éclair finit et où commence ma maison,
Qui roule aux marches d'oubli la rocaille de ma raison.

Rivière, en toi terre est frisson, soleil anxiété.
Que chaque pauvre dans sa nuit fasse son pain de ta moisson.

Rivière souvent punie, rivière à l'abandon.

Rivière des apprentis à la calleuse condition,
Il n'est vent qui ne fléchisse à la crête de tes sillons.

Rivière de l'âme vide, de la guenille et du soupçon,
Du vieux malheur qui se dévide, de l'ormeau, de la
compassion.

Rivière des farfelus, des fiévreux, des équarrisseurs,
Du soleil lâchant sa charrue pour s'acoquiner au menteur.

Rivière des meilleurs que soi, rivière des brouillards éclos,
De la lampe qui désaltère l'angoisse autour de son chapeau.

Rivière des égards au songe, rivière qui rouille le fer,
Où les étoiles ont cette ombre qu'elles refusent à la mer.

Rivière des pouvoirs transmis et du cri embouquant
les eaux,
De l'ouragan qui mord la vigne et annonce le vin nouveau.

Rivière au cœur jamais détruit dans ce monde fou de prison,
Garde-nous violent et ami des abeilles de l'horizon.

Fureur et mystère

CLAUDE ROY

Mouvement incessant et pourtant lenteur et parfois immobilité.

On mesure, en comparant — à l'écoute — ce poème et la chanson de la Sorgue de René Char, à quel point les rivières de mots coulent à des allures différentes.

La rivière de René Char tient en alerte. Celle de Claude Roy endort *bien* (c'est-à-dire qu'elle fait, comme disait Gaston Bachelard, bien rêver).

POUR DIRE :
Problèmes déjà rencontrés dans les textes sans ponctuation.

Peu de grandes difficultés dans ce texte, à l'exception peut-être du vers 8.

> « *Elle est celle qu'elle est surprise d'être une autre* »

où il faut bien marquer la coupe syntaxique après « *est* ».

Pour le reste, débit lent, coulant, chuchotant...

L'AUTEUR :

Né à Paris en 1915. Poète, romancier, critique.

Brillant, agile, sa poésie est sans doute le meilleur de lui-même : fraîche, subtile, souvent enfantine, au meilleur sens de ce mot.

LA RIVIÈRE ENDORMIE

Dans son sommeil glissant l'eau se suscite un songe
un chuchotis de joncs de roseaux d'herbes lentes
et ne sait jamais bien dans son dormant mélange
où le bougeant de l'eau cède au calme des plantes

La rivière engourdie par l'odeur de la menthe
dans les draps de son lit se retourne et se coule
Mêlant ses mortes eaux à sa chanson coulante
elle est celle qu'elle est surprise d'être une autre

L'eau qui dort se réveille absente de son flot
écarte de ses bras les lianes qui la lient
déjouant la verdure et l'incessant complot
qu'ourdissent dans son flux les algues alanguies.

Poésies

MAURICE FOMBEURE

Une espèce de comptine en forme d'averse.

La comptine de la pluie qui marche et voyage.

POUR DIRE :
Comme une chanson populaire et selon les allures multiples que chacun pourra découvrir.

L'AUTEUR :

Poète français né à Jadres, dans la Vienne, en 1906. Mort en 1981.

Aime la nature, la campagne, les gens simples, qu'il chante avec beaucoup de tendresse, de fantaisie, de truculence, d'émotion. Ses poèmes rappellent très souvent les chansons populaires du temps passé.

CHANSON DE LA PLUIE

à Marguerite Gisclon

A dos de mule
A dos d'oiseau
A dos de libellule hulot
A dos de rat-mulot
A pas de campanule
A bras de mélilot
S'en va la pluie à bulles
S'en va la pluie sur l'eau

Une pluie fil à fil
Qu'habille l'horizon
Et de fil en aiguille
Va jusqu'à la maison,

« Va jusqu'à la maison
Tu trouveras ma mère
Qu'est assise au tison
Qui recoud des linceuls
Ou qui tire au rouet
Toute sa vie amère,
Demande-lui z'à boire
Z'à boire et à manger... »
Mais la pluie perd la mémoire
A force de voyager,

A force de voyager
Sur ses pattes de gouttes rondes
Faire le tour du monde.
A dos de mule
A dos d'oiseau
A dos de libellule hulot
A dos de rat-mulot
A pas de campanule
A bras de mélilot
S'en va la pluie à bulles
S'en va la pluie sur l'eau !

Aux créneaux de la pluie

RAYMOND QUENEAU

Une pluie de mots, une pluie savante, et pourtant la pluie « mouillée » la vraie pluie, dans la pluie du texte.

De plus un vrai plaisir. Physique.

POUR DIRE :

Jouer sur les répétitions « monotones » (au sens étymologique)

Lire ce texte comme une partition musicale : mélodie de chaque vers, harmonies entre les mots, sonorités distribuées dans tout le texte : pluie, averse, goutte, etc.

Peut se dire en chœur parlé avec des « canons » etc.

L'AUTEUR :

Écrivain français né au Havre en 1903. Mort en 1976.

Romancier et poète, connu par son humour, ses jeux de mots. Mais Queneau est également un très grand rêveur sans doute désespéré, mais sachant rire (en dedans).

IL PLEUT

Averse averse averse averse averse averse
pluie ô pluie ô pluie ô ! ô pluie ô pluie ô pluie !
gouttes d'eau gouttes d'eau gouttes d'eau gouttes d'eau
parapluie ô parapluie ô paraverse ô !
paragouttes d'eau paragouttes d'eau de pluie
capuchons pèlerines et imperméables
que la pluie est humide et que l'eau mouille et mouille !
mouille l'eau mouille l'eau mouille l'eau mouille l'eau
et que c'est agréable agréable agréable
d'avoir les pieds mouillés et les cheveux humides
tout humides d'averse et de pluie et de gouttes
d'eau de pluie et d'averse et sans un paragoutte
pour protéger les pieds et les cheveux mouillés
qui ne vont plus friser qui ne vont plus friser
à cause de l'averse à cause de la pluie
à cause de l'averse et des gouttes de pluie
des gouttes d'eau de pluie et des gouttes d'averse
cheveux désarçonnés cheveux sans parapluie

L'Instant fatal

JULES SUPERVIELLE

Ce très court texte me semble devoir ouvrir les yeux (à ceux qui ne savent pas les fermer pour mieux voir) sur les choses qui *sont là* en notre absence, et sur la mer que nous ne voyons pas mais que chacun porte en soi et qui est *la* mer.

POUR DIRE :
Devrait se dire très lentement, avec beaucoup de silence « autour des mots ».

L'AUTEUR :

Né à Montevideo (Uruguay) en 1884, mort à Paris en 1960. Poète de l'amitié. Amitié du ciel et de la terre, de la mer et du vent, des arbres et des bêtes, qui se répondent autour du monde et en chacun d'entre nous.

LA MER SECRÈTE

Quand nul ne la regarde
La mer n'est plus la mer,
Elle est ce que nous sommes
Lorsque nul ne nous voit.
Elle a d'autres poissons,
D'autres vagues aussi.
C'est la mer pour la mer
Et pour ceux qui en rêvent
Comme je fais ici.

La Fable du monde

Notes, dessins, poèmes personnels.

Maisons Intérieurs

PIERRE DE RONSARD

Ce sonnet fameux figure à cette place car il est un des plus beaux poèmes de l'intimité.

Comme on a déjà beaucoup trop écrit sur ce texte, je pense qu'on peut le laisser vivre en chacun.

POUR DIRE :
Se dit « à l'oreille ».

L'AUTEUR :

Poète français né à Couture en Vendômois en 1524, mort près de Tours en 1585. Ce très grand poète est trop connu pour qu'il soit nécessaire d'y revenir longtemps. Disons que ce sourd a mieux que personne entendu la nature et chanté le bonheur et l'amertume de vivre.

Quand vous serez bien vieille, au soir à la chandelle
Assise au coin du feu dévidant et filant,
Direz chantant mes vers en vous émerveillant :
Ronsard me célébrait du temps que j'étais belle.

Lors vous n'aurez servante oyant telle nouvelle,
Déjà sous le labeur à demi sommeillant,
Qui au bruit de mon nom ne s'aille réveillant,
Bénissant votre nom de louange immortelle.

Je serai sous la terre et fantôme sans os
Par les ombres myrteux je prendrai mon repos ;
Vous serez au foyer une vieille accroupie,

Regrettant mon amour et votre fier dédain.
Vivez si m'en croyez, n'attendez à demain :
Cueillez dès aujourd'hui les roses de la vie.

Sonnets à Hélène

VICTOR HUGO

Ce texte n'est sans doute pas un poème « d'intérieur », mais il me semble que, par le titre qu'il lui donne, Hugo suggère que la musique des carillons ne s'entend bien que *dans* les maisons qui sont les plus « maisons » des maisons, « les maisons du Nord », « les maisons flamandes ».

Et puis, cette étourdissante construction sonore, cette partition s'organise comme une architecture avec « cette porte de l'air », « un frêle escalier de cristal invisible ».

Jamais par ailleurs l'oreille de Hugo n'avait été à ce point « un œil » :

> « Le carillon, c'est l'heure
> inattendue et folle
>
> Que *l'œil* croit voir vêtue
> en danseuse espagnole. »

POUR DIRE :
Un texte difficile à faire sonner et à déchiffrer comme on déchiffre de la musique ou une chorégraphie.

MOT :
Léthargique : ici, endormis.

L'AUTEUR :

Voir notice, p. 10.

ÉCRIT SUR LA VITRE D'UNE FENÊTRE FLAMANDE

J'aime le carillon dans tes cités antiques,
O vieux pays gardien de tes mœurs domestiques,
Noble Flandre où le nord se réchauffe engourdi
Au soleil de Castille et s'accouple au midi !
Le carillon, c'est l'heure inattendue et folle
Que l'œil croit voir, vêtue en danseuse espagnole,
Apparaître soudain par le trou vif et clair
Que ferait en s'ouvrant une porte de l'air.
Elle vient, secouant sur les toits léthargiques
Son tablier d'argent plein de notes magiques ;
Réveillant sans pitié les dormeurs ennuyeux,
Sautant à petits pas comme un oiseau joyeux,
Vibrante, ainsi qu'un dard qui tremble dans la cible ;
Par un frêle escalier de cristal invisible,
Effarée et dansante, elle descend des cieux ;
Et l'esprit, ce veilleur fait d'oreilles et d'yeux,
Tandis qu'elle va, vient, monte et descend encore,
Entend de marche en marche errer son pied sonore !

Les Voix intérieures

PIERRE REVERDY

Comme souvent, chez Pierre Reverdy, cette « nature morte » est toute de densité et de vie secrète.

Inquiétante également.

Car l'intérieur et le monde extérieur ne communiquent pas.

Un théâtre : décors, drames, lumières.

POUR DIRE :

A peine à dire ou froidement.

En respectant dans le temps (et par les silences) la disposition (et les blancs) du texte.

L'AUTEUR :

Né à Narbonne en 1889, mort à Solesmes, dans la Sarthe, en 1960.

Peu de poètes ont atteint avec des moyens aussi simples les choses et les moments qui laissent sans en avoir l'air des traces qui ne s'effacent pas.

CALME INTÉRIEUR

Tout est calme
Pendant l'hiver
Au soir quand la lampe s'allume
A travers la fenêtre où on la voit courir
Sur le tapis des mains qui dansent
Une ombre au plafond se balance
On parle plus bas pour finir
Au jardin les arbres sont morts
Le feu brille
Et quelqu'un s'endort
Des lumières contre le mur
Sur la terre une feuille glisse
La nuit c'est le nouveau décor
Des drames sans témoin qui se passent dehors.

Plupart du temps I

LÉON-PAUL FARGUE

Je donnerais parfois tous les poèmes du monde pour un texte de Léon-Paul Fargue comme celui-là ; si sensible de surcroît à des oreilles enfantines.

Et je donnerais même tout le poème pour un vers :

« Un grand chat doucement passe
comme on chuchotte. »

Cette vie des choses perdues et qui disparaissent, Fargue la fixe dans et pour nos songes.

POUR DIRE :

Il me semble que pour bien dire ce texte, il serait bon de bien sentir *le poids de quelques-uns de ses mots :*

« Rêve à ton gré...
Ecoute... »

Les nombreux points de suspension montrent que des pauses assez longues sont nécessaires, et que l'on ne doit pas alors laisser retomber la voix.

L'AUTEUR :

Né à Paris en 1876, mort à Paris en 1947. Promeneur n o c t u r n e, « piéton de Paris », très paradoxalement, Fargue est un des très grands poètes de l'intimité.

INTÉRIEUR

Des toiles, des choses sèches pendent aux poutres...
Le vieux fusil dort fixement
Au mur clair...
Rêve à ton gré. Tout est comme autrefois.
Ecoute...
La haute cheminée
Fait sa plainte ancienne et son odeur éteinte
Et tasse son échine de vieil oiseau noir...
Elle porte encore au front ses images d'âme crue
Et ses vases de loterie aux prénoms d'or...
Et l'horloge recluse dans l'ombre et la bure
Berce son cœur avec une douceur obscure...

Pareils à des visages ronds de spectateurs
Les plats se penchent aux balcons du vieux dressoir
Où des files de fruits qui font la chaîne, fleurent
Dans leur ruelle d'ombre couleur d'aubergine...
J'ouvre un tiroir où je vois passer des noix vides,
Un gros couteau à vingt lames, qui contient tout,
Et l'ombre de mes mains qui glisse sur les choses...
Et ce sont des couleurs vivantes, refroidies...
Et ce sont des odeurs d'intimités suries...
Ça sent la malle, et le poivre des vieux départs,
Et le livre de classe, et la chapelle éteinte...

Un vent tiède pousse des guêpes
Frapper à la lucarne bleue...
Un grand chat doucement passe comme on chuchote,
Et vous lève un regard où veille l'ennui sage
Du soleil dans la douve aux lentilles d'or vert...

Sois calme. Tout est là comme autrefois.
Ecoute...

Pour la musique

JULES SUPERVIELLE

Qui n'a appris à rêver étant enfant autour des dessins du papier peint d'une chambre ?

La fleur fausse, le poète la transforme en une fleur vraie pour la petite fille.

Comment ?

C'est à chacun de le savoir dans ses souvenirs.

POUR DIRE :

Peut être lu à deux voix : la première et la seconde partie.

Comme tous les textes de ce poète, sans forcer.

L'AUTEUR :

Voir notice, p. 56.

LES FLEURS DU PAPIER DE TA CHAMBRE

pour Anita

« Nous sommes sur le mur
Et ne sommes pas dures,
Nous avons un parfum
Plus léger que nature
et qui sent un jardin
Dans les pays futurs
Ou les pays anciens,
C'est là notre parure.
Et nous nous répétons.
Du parquet au plafond,
Crainte d'être incomprises,
Parce que nous n'avons
Ni fraîcheur ni saisons
Ciel, abeilles ni brises. »

Une main sur le mur,
C'est l'enfant qui s'éveille,
Elle a grand peur, allume,
Le papier de la chambre
A soi-même est pareil,
Il veille et l'accompagne.
Le pied touche le bois
Du lit toujours sérieux
Qui lui dit dans ses voix :
« Ce n'est pas l'heure encore
de partir pour l'école. »
Anita se rendort
Dans le calme parfum
De son papier à fleurs
Dont les belles couleurs
Ignorant le repos
Dans la nuit, à tâtons,
Sans se tromper jamais
Elaborent l'aurore.

Le Forçat innocent

RENÉ GUY CADOU

Pour moi, un poème central dans l'œuvre de René Guy Cadou, un poème qui est toute la poésie.

En effet, un poème sur la poésie par laquelle les êtres renaissent dans les choses et les arbres, dans le bois des meubles et par des mots...

POUR DIRE :

Un texte assez difficile, tant les phrases, comme les mots, s'enroulent les unes sur les autres...

Pour le début, le « sens » s'organise autour de « ne sait pas ».

Puis la méditation repart à : « Il suffit qu'une lampe... »

Le discours rebondit à : « Car tel... qu'une caresse... redonne. »

Le dernier vers avec ses sons ouverts et légers s'oppose à tout le reste.

L'AUTEUR :

Né à Sainte-Reine-de-Bretagne en 1920, mort à Louisfert en 1951. Fils d'instituteur, instituteur lui-même, mort prématurément, René Guy Cadou reste pour nous « le » poète, avec cette faculté très rare de nous rendre, neuves et chargées de rêves, toutes choses.

CELUI QUI ENTRE PAR HASARD

Celui qui entre par hasard dans la demeure d'un poète
Ne sait pas que les meubles ont pouvoir sur lui
Que chaque nœud du bois renferme davantage
De cris d'oiseaux que tout le cœur de la forêt
Il suffit qu'une lampe pose son cou de femme
A la tombée du soir contre un meuble verni
Pour délivrer soudain mille peuples d'abeilles
Et l'odeur de pain frais des cerisiers fleuris
Car tel est le bonheur de cette solitude
Qu'une caresse toute plate de la main
Redonne à ces grands meubles noirs et taciturnes
La légèreté d'un arbre dans le matin.

Hélène ou le Règne végétal

Notes, dessins, poèmes personnels.

Des Gens

SAINT-AMANT

Cette « scène de la vie de bohème » au début du XVIIe siècle est d'une telle vie, d'une telle vérité, qu'elle paraît avoir été écrite hier ; en même temps, certains mots du langage populaire, et qui ont bien vieilli (comme le bon vin) nous reportent à une époque que n'avait pas encore édulcorée (par certains côtés) l'art classique.

POUR DIRE :

Le texte est construit sur une opposition entre les treize premiers vers et le quatorzième. Le mot « enfin » dans le dernier vers est capital.

Chaque strophe prend son appui grammatical sur une série d'infinitifs.

Tout le reste est laissé à votre fantaisie personnelle.

MOTS :

Le langage des Gots : le germanique.

Escabelle : petit escabeau.

Magot : les singes.

Coiffe d'un chapeau : la doublure, le fond.

Frise d'un manteau : la doublure également.

Brocards : injures.

Prodigalité : dépense excessive.

Nous avons laissé l'orthographe originale.

L'AUTEUR :

Né à Quevilly, près de Rouen, en 1594. Mort en 1661. Eut une existence aventureuse et vagabonde, aima la vie et les plaisirs du monde, écrivit quelques-uns des poèmes les plus « pleins » et aussi les plus mystérieux de toute la poésie française.

LES GOINFRES

Coucher trois dans un lit, sans feu ni sans chandelle,
Au profond de l'hyver, dans la sale aus fagots,
Où les chats, ruminans le langage des Gots,
Nous éclairent sans cesse en roulant la prunelle ;

Hausser notre chevet avec une escabelle,
Estre deux ans à jeun comme les escargots,
Resver en grimassant ainsi que les magots
Qui, baillans au soleil, se grattent soubs l'aisselle ;

Mettre au lieu d'un bonnet la coiffe d'un chapeau,
Prendre pour se couvrir la frise d'un manteau
Dont le dessus servit à nous doubler la panse ;

Puis souffrir cent brocards d'un vieux hoste irrité,
Qui peut fournir à peine à la moindre dépense,
C'est ce qu'engendre enfin la prodigalité.

PAUL VERLAINE

Espèce de complainte naïve par le ton, très savante par la construction, d'une simplicité terrible, qui nous atteint au cœur, et qu'il ne faut pas confondre (en présentant ce texte aux jeunes) avec de la maladresse.

POUR DIRE :

D'abord une « histoire » en trois épisodes l'aventure de Gaspard Hauser (c'est-à-dire sa vie) :

1. *Les hommes et la ville*
2. *Les femmes et l'amour*
3. *Le roi et la guerre*

Puis dans la dernière strophe, les questions... sans réponse
et le vers ultime.

L'AUTEUR :

Né à Metz en 1844, mort à Paris en 1896.

Il reste comme une voix unique de notre poésie, voix précise, voix tremblante et dont la musique est inimitable dans sa complexe simplicité.

Gaspard Hauser chante :

Je suis venu, calme orphelin,
Riche de mes seuls yeux tranquilles,
Vers les hommes des grandes villes :
Ils ne m'ont pas trouvé malin.

A vingt ans un trouble nouveau,
Sous le nom d'amoureuses flammes,
M'a fait trouver belles les femmes :
Elles ne m'ont pas trouvé beau.

Bien que sans patrie et sans roi
Et très brave ne l'étant guère,
J'ai voulu mourir à la guerre :
La mort n'a pas voulu de moi.

Suis-je né trop tôt ou trop tard ?
Qu'est-ce que je fais en ce monde ?
O vous tous, ma peine est profonde :
Priez pour le pauvre Gaspard !

Sagesse

ARMAND ROBIN

Cet « illettré », nous le sommes, nous qui apprenons à lire le monde.

« Je lisais ce qui ne se lit pas. »

Comme les petits enfants.

Et qui n'a pas fait cette première lecture n'apprendra jamais bien l'autre.

POUR DIRE :
Un peu comme on épelle, comme on déchiffre, avec une sorte d'application patiente.

L'AUTEUR :

Né en Bretagne en 1912, mort en 1962.

Ce poète français injustement méconnu mérite d'être sorti de l'ombre relative qui le recouvre, tant est intense sa poésie qui est connaissance du monde, « déchiffrement ».

L'ILLETTRÉ

Devant les bois, les blés j'étais béat benêt :
Je lisais ce qui ne se lit pas :
Les nuages, les vents, les rochers, les ébats
        De la lune dans les bois.

Et le ciel avec son grand étang courbé
Où le soleil tout le jour accroît son caillou,
Onde par onde, et le déferlement changeant
        Des nuages disposaient de moi.

Les arbres tournaient lentement en moi
Leurs pages tantôt bruyantes, tantôt muettes,
Tantôt épaisses et jaunies, les saisons
        Me donnaient des leçons.

Ma vie sans moi

ANDRÉ FRÉNAUD

Rarement le « paysan » n'avait été saisi avec autant de vérité.

Nous sommes loin des paysans folkloriques, des paysans littéraires...

Ici, le sillon est un sillon
le travail est un travail
le plaisir est un plaisir.

« Il accomplit les gestes il avance dans sa tâche
derrière la croupe des chevaux derrière les haies
dans le contentement vague d'être dans la lumière... »

Le travail du poète ici, est une sorte de labeur semblable...

POUR DIRE :
Comme on marche dans la terre, derrière les bêtes.

Il faudrait par la voix l'impression de creuser les sillons.

L'AUTEUR :

Né en 1907 à Montceau-les-Mines. Poète qui s'est « mis aux écoutes de la terre, de la germination, de la vie paysanne, avec un amour patient, fraternel. » (Jean Rousselot.)

Depuis le froid de l'aube et toute la journée
jusqu'à l'heure où le soleil s'enfonçant découvre
derrière l'habituelle montagne paisible
de plus indécises montagnes bleues qui bougent
et s'éloignent sans qu'il en ait reconnu l'appel
il accomplit les gestes il s'avance dans sa tâche
derrière la croupe des chevaux derrière les haies
dans le contentement vague d'être dans la lumière

Patiemment il grave sur la terre pour les nuages
Dessinateur aveugle à la beauté qu'il traçe
il en renouvelle les dessins pour le grand ciel transparent
qui ne sait même pas les mirer et s'en réjouir
Pareil à l'aubier dans le tronc d'un arbre
qui forme des cercles ne le sachant pas

Exonéré d'autres soucis que ceux qu'il reconnaît
Hostile à ce qui n'entre pas dans l'avoir ou le dû
sur la bascule des rêveries difficiles et pourtant
plus gravement que les projets que l'argent mesure
un gain qui ne profite pas pour lui seul
l'alourdit comme est la vache pleine qui mûrit innocente

Comme une meule énorme qui se défait
cette boule qui tourne ici il faut la reconstituer
en enfantant laborieusement la récolte
où les atomes de tout gonflent mêlés aux grains

La sueur de l'homme féconde la terre
comme le sang du cochon nourrit l'homme
comme les rigoles satisfont les prairies
comme le soleil pompe les cris frais de la rosée
comme la mort réconcilie chacun avec son visage
avec tous les autres poursuit l'unité.

Les Paysans

RENÉ DEPESTRE

Ce poème, dont est présenté ici un fragment, est l'histoire d'une des pages les plus scandaleuses de toute l'histoire humaine, celle de la traite des Noirs aux Antilles et aux Amériques après que les Européens eurent exterminé les Indiens.

Il faut laisser ce cri violent et ironique monter vers les enfants d'aujourd'hui, car nous sommes tous et encore concernés.

POUR DIRE :
Le dire, c'est le crier.

L'AUTEUR :

Poète haïtien de langue française, né à Haïti en 1926. Marque pour sa terre natale opprimée et pour ses frères de race, l'amour violent d'un grand poète enraciné dans les éléments.

MINERAI NOIR

Quand la sueur de l'Indien se trouva brusquement
tarie par le soleil
quand la frénésie de l'or draina au marché la dernière
goutte de sang indien
de sorte qu'il ne resta plus un seul Indien
aux alentours des mines d'or
On se tourna vers le fleuve musculaire de l'Afrique
pour assurer la relève du désespoir
alors commença la ruée vers l'inépuisable trésorerie
de la chair noire
alors commença la bousculade échevelée vers le
rayonnant midi du corps noir
et toute la terre retentit du vacarme des pioches
dans l'épaisseur du minerai noir
et tout juste si des chimistes ne pensèrent aux
moyens d'obtenir quelque alliage précieux
avec le métal noir
tout juste si des dames ne rêvèrent d'une batterie
de cuisine en nègre du Sénégal d'un service
à thé en massif négrillon des Antilles
tout juste si quelque audacieux curé ne promit à sa
paroisse
une cloche coulée
dans la sonorité
du sang noir
ou si quelque vaillant capitaine
ne tailla son épée
dans l'ébène minéral
ou encore si un brave Père Noël
ne songea à des petits soldats
de plomb noir
pour sa visite annuelle...

Anthologie de la belle jeunesse

JULES SUPERVIELLE

Je crois qu'il faut laisser à chacun le soin de pénétrer dans ce poème d'une grande densité, dans ce poème secret, dans ce poème sur l'amitié des étoiles, des animaux qui sont nos amis et qui l'ignorent peut-être...

POUR DIRE :

Sur le ton de l'affirmation intime (il vous *naît...*) *dans les strophes* 1, 2, 4.
Sur le ton du questionnaire dans les strophes 3, 5.

Dans la dernière partie, le poète intervient à voix fervente.

L'AUTEUR :

Voir notice, p. 70.

LES AMIS INCONNUS

Il vous naît un poisson qui se met à tourner
Tout de suite au plus noir d'une lampe profonde,
Il vous naît une étoile au-dessus de la tête,
Elle voudrait chanter mais ne peut faire mieux
Que ses sœurs de la nuit les étoiles muettes.

Il vous naît un oiseau dans la force de l'âge,
En plein vol, et cachant votre histoire en son cœur
Puisqu'il n'a que son cri d'oiseau pour la montrer.
Il vole sur les bois, se choisit une branche
Et s'y pose, on dirait qu'elle est comme les autres.

Où courent-ils ainsi ces lièvres, ces belettes,
Il n'est pas de chasseur encor dans la contrée,
Et quelle peur les hante et les fait se hâter,
L'écureuil qui devient feuille et bois dans sa fuite,
La biche et le chevreuil soudain déconcertés ?

Il vous naît un ami, et voilà qu'il vous cherche
Il ne connaîtra pas votre nom ni vos yeux
Mais il faudra qu'il soit touché comme les autres
Et loge dans son cœur d'étranges battements
Qui lui viennent de jours qu'il n'aura pas vécus.

Et vous, que faites-vous, ô visage troublé,
Par ces brusques passants, ces bêtes, ces oiseaux,
Vous qui vous demandez, vous, toujours sans nouvelles
« Si je croise jamais un des amis lointains
Au mal que je lui fis vais-je le reconnaître ? »

Pardon pour vous, pardon pour eux, pour le silence
Et les mots inconsidérés,
Pour les phrases venant de lèvres inconnues
Qui vous touchent de loin comme balles perdues,
Et pardon pour les fronts qui semblent oublieux.

Les Amis inconnus

Notes, dessins, poèmes personnels.

Villes

VALERY LARBAUD

Il existe encore beaucoup de gares désaffectées « au cœur frais de la France ».

Celle de Cahors est unique. Elle est devenue ce poème qui contient à lui seul tout un passé qui s'éloigne.

Son repos est peuplé d'un poème
de ce poème.

POUR DIRE :
La principale difficulté de ce texte provient des longues phrases qui le constituent (avec parfois des parenthèses) de pauses, de suspensions de la voix.

Une sorte de respiration légère, un peu tendue, puis apaisée sur la fin, devrait donner à ce texte, sa musique.

L'AUTEUR :

Poète français, né à Vichy en 1881, mort à Vichy en 1957. Après avoir beaucoup voyagé, il vécut de très longues années, immobilisé par la paralysie.

On dit qu'il a inventé la poésie cosmopolite. En réalité, il a chanté le monde qui change et avec nostalgie (comme dans le poème ci-dessus) ce qui reste encore de l'ancien.

L'ANCIENNE GARE DE CAHORS

Voyageuse ! ô cosmopolite ! à présent
Désaffectée, rangée, retirée des affaires.
Un peu en retrait de la voie,
Vieille et rose au milieu des miracles du matin,
Avec ta marquise inutile
Tu étends au soleil des collines ton quai vide
(Ce quai qu'autrefois balayait
La robe d'air tourbillonnant des grands express)
Ton quai silencieux au bord d'une prairie,
Avec les portes toujours fermées de tes salles d'attente,
Dont la chaleur de l'été craquèle les volets...
O gare qui as vu tant d'adieux,
Tant de départs et tant de retours,
Gare, ô double porte ouverte sur l'immensité charmante
De la Terre, où quelque part doit se trouver la joie de Dieu
Comme une chose inattendue, éblouissante ;
Désormais tu reposes et tu goûtes les saisons
Qui reviennent portant la brise ou le soleil, et tes pierres
Connaissent l'éclair froid des lézards ; et le chatouillement
Des doigts légers du vent dans l'herbe où sont les rails
Rouges et rugueux de rouille,
Est ton seul visiteur.
L'ébranlement des trains ne te caresse plus :
Ils passent loin de toi sans s'arrêter sur ta pelouse,
Et te laissent à ta paix bucolique, ô gare enfin tranquille
Au cœur frais de la France.

Les Poésies de A.-O. Barnabooth

PHILIPPE SOUPAULT

Petite comptine actuelle de la banlieue de Paris avec ces noms qui chantent encore, alors que les villes ne chantent plus.

L'AUTEUR :

Poète français né en 1897. A survécu au surréalisme en retrouvant, un peu à la manière de Robert Desnos, les sources d'une poésie familière, émerveillée et ironique.

CHANSON DU BOUT DU QUAI

Les filles de Gentilly
sont toutes lumineuses
et les gars de Bagnolet
songent aux pêches miraculeuses
A quoi pensent donc les enfants
de Bécon-les-Bruyères
est-ce aux rêves aux tourments
des mômes d'Asnières
Et les gosses de Paris
les petits de la Cité
se penchent sur les reflets
suivant méditant des baisers
Ainsi nous jouons à qui mieux mieux
pour le plaisir d'en rire
Parisiens du samedi
promeneurs du dimanche
flâneurs de la semaine.

Chansons

EMILE VERHAEREN

Ce sont des usines du XIXe siècle.

Et pourtant !

Cet univers fascinant et sinistre est encore aux portes des villes et emplit certains paysages.

Et la peine des hommes, sous d'autres formes peut-être, y est toujours la même.

Pour les enfants de notre monde ce poème est important

POUR DIRE :

La poésie de Verhaeren est toujours, mais particulièrement ici, assez difficile à dire.

Elle exige une très grande rigueur rythmique, avec des variations fréquentes : passages des premières parties, amples et lourdes, à la précipitation mécanique du dernier morceau : « automatiques et minutieux... »

Eviter à tout prix l'emphase, car cette poésie devient très rapidement fausse et désuète.

L'AUTEUR :

Poète belge d'expression française, né à Saint-Amand en 1855, mort accidentellement à Rouen en 1916.

On a peut-être un peu trop vite oublié Verhaeren en France. « Par son goût forcené des grands rythmes et des couleurs brutales » du monde en mutation, « malgré de multiples naïvetés, cette poésie n'a rien perdu de son âcre saveur ».

LES USINES

Rectangles de granit et monuments de briques,
Et longs murs noirs durant des lieues,
Immensément, par les banlieues ;
Et sur les toits, dans le brouillard, aiguillonnées
De fers et de paratonnerres,
Les cheminées.
Se regardant de leurs yeux noirs et symétriques,
Par la banlieue, à l'infini,
Ronflent le jour, la nuit,
Les usines et les fabriques. (...)

Ici, sous de grands toits où scintille le verre,
La vapeur se condense en force prisonnière :
Des mâchoires d'acier mordent et fument ;
De grands marteaux monumentaux
Broient des blocs d'or sur des enclumes,
Et dans un coin, s'illuminent les fontes
En brasiers tors et effrénés qu'on dompte. (...)

Et les volants larges et violents
Tournent, pareils aux ailes dans le vent
Des moulins fous, sous les rafales.
Un jour de cour avare et ras
Frôle, par à travers les carreaux gras
Et humides d'un soupirail,
Chaque travail.

Automatiques et minutieux,
Des ouvriers silencieux
Règlent le mouvement
D'universel tictacquement
Qui fermente de fièvre et de folie
Et déchiquette, avec ses dents d'entêtement,
La parole humaine abolie. (...)

Les Villes tentaculaires.

POÈMES DU PEUPLE CHINOIS

Cette « Porte de Jade » autrefois inaccessible fut chantée par les poètes chinois classiques.

Cette « passe » est devenue une ville du pétrole dans la Chine nouvelle.

Pour ce jeune poète ouvrier, la Chine de l'avenir et la Chine du passé se rejoignent, réunies dans l'enthousiasme. Ici le pétrole n'est pas source de misère, symbole de la richesse insolente des uns et de la pauvreté des autres mais promesse pour une société tournée vers l'avenir.

Les contradictions s'enrichissent.

Avec cette tendresse constante des poètes chinois pour la nature.

POUR DIRE :
Peut et doit se lire sans effet.

Mais là plus qu'ailleurs la traduction, même fidèle, réduit le poème.

L'AUTEUR :

Choix de poèmes traduits de seize recueils tous édités entre 1960 et 1964, juste avant la Révolution culturelle, en fait en pleine naissance de cette révolution aux lendemains du *Grand Bond en avant* qui réveilla brusquement, follement dit-on, 650 millions de poètes chinois, les « poètes du Peuple », appelés à prendre la relève des « poètes mandarins » et chargés d'affûter l'arme la plus efficace de la révolution : « la culture ». (Michelle Loi).

LES PORTES DE JADE

Bidons et bidons de pétrole
Files et files s'alignant,
Files de camions découvrant
Toute une ville de pétrole.

La route grimpe au flanc des monts,
Tapissée d'un vert luxuriant ;
De petits saules pleins de charme
Ourlent les bords.

Marche à l'amont, marche à l'aval
D'un même merveilleux bonheur ;
Dans la rivière roulent des contes
Et dans les regards des plaisirs.

L'équipe de service fore et raffine ;
Charge les camions franchisseurs de cols et les bateaux
    briseurs de vagues ;
L'équipe de repos arrose ses légumes,
Voit si la nuit n'a pas formé quelque bourgeon, ouvert
    quelque pétale.

Dans la rue en flânant on fait halte un instant ;
On échange quelques propos avec les habitants de la Porte
    de Jade :
Que le parfum du pétrole dépasse le Gobi
Qu'il flotte sur les monts, dépasse le Quilian.

Comme elle est belle la ville du pétrole !
Quel dommage qu'il faille partir !
La source noire noire comme ailes de corbeaux
De mon cœur à noyé la moitié.

Li Ying
Poètes du peuple chinois
Traduction Michèle Loi

BERTOLT BRECHT

Ce texte de Brecht, je ne savais pas trop où le placer, mais j'y tenais.

Je le range parmi les poèmes de la ville où sont en général les filatures, les entrepôts, les ouvriers. On pourrait également le dédier à ceux qui cultivent le coton et le riz... pour les autres.

Cette chanson pose des questions. Pour expliquer.

Ce qu'elle explique est trop clair pour qu'il soit nécessaire d'ajouter quoi que ce soit.

Dans cette clarté critique est la puissante originalité de la poésie de Brecht.

POUR DIRE :

Nous savons bien mal chanter et dire Brecht en France.

Mais nous pouvons dire ce texte comme une fable :

— la fable du riz

— la fable du coton

— la fable de l'homme.

Questions et réponses font penser.

L'explication tombe comme une sentence trois fois :

« Je ne connais que son prix. »

L'AUTEUR :

Poète et dramaturge allemand né à Augsbourg en 1898, mort à Berlin en 1956. L'importance de Brecht auteur et théoricien du théâtre n'est pas à souligner ici. On connaît moins bien en France sa poésie. Elle est pourtant, dans tous ses aspects, beaucoup plus variée qu'il ne paraît ; une des rares poésie politique de notre temps qui soit toujours poésie intensément dans sa nécessité.

CHANT DE LA MARCHANDISE (CHANSON DU MARCHAND)

Il y a du riz en bas près du fleuve,
Et dans les hautes terres, on a besoin de riz.
Si nous laissons le riz dans les entrepôts
Le riz là-haut leur coûtera plus cher.
Et les haleurs des chalands de riz en auront moins encore.
Alors, le riz pour moi sera moins cher encore.
Qu'est-ce au juste que le riz ?
    Un grain de riz : est-ce que je sais ce que c'est ?
    Y a-t-il seulement quelqu'un qui le sache ?
    Du riz, je ne sais pas ce que c'est.
    Je ne connais que son prix.

Vient l'hiver, on a besoin d'habits.
Si nous achetons du coton
Et le gardons dans nos entrepôts,
Quand viendront les froids, les habits seront plus chers.
Les filatures paient de trop hauts salaires.
D'ailleurs il y a trop de coton.
Qu'est-ce au juste que le coton ?
    Un plant de coton : est-ce que je sais ce que c'est ?
    Y a-t-il seulement quelqu'un qui le sache ?
    Un plant de coton, je ne sais pas ce que c'est.
    Je ne connais que son prix.

Un homme, ça mange trop.
C'est ça qui fait monter son prix.
Pour fabriquer le manger, il faut des hommes.
Les cuisiniers en font baisser le prix, mais
Les mangeurs le font monter.
D'ailleurs, il y a trop peu d'hommes.
Qu'est-ce au juste qu'un homme ?
    Un homme : est-ce que je sais ce que c'est ?
    Y a-t-il seulement quelqu'un qui le sache ?
    Un homme : je ne sais pas ce que c'est.
    Je ne connais que son prix.

MICHEL BUTOR

Ce texte est extrait d'une pièce radiophonique de Michel Butor *Réseau aérien.* Cette pièce décrit le survol du globe en avion. Dans le passage ci-dessus nous sommes au-dessus de quelques grandes villes américaines.

Une poésie nouvelle dont la forme est nouvelle.

Une poésie de notre temps.

POUR DIRE :

« *Le texte est conçu,* dit Michel Butor, *pour être réalisé par* 10 *acteurs* (*ou* 10 *voix*)

5 *hommes : A B C D E*

5 *femmes : f g h i j*

pour obtenir un effet de suspension,

j'ai été souvent amené à supprimer le pronom personnel. Ne pas confondre ces indicatifs avec des impératifs. »

« *La ponctuation qui est à la fin de chaque réplique doit être interprétée comme une indication pour la diction.* »

Né en 1926, Michel Butor, romancier bien connu, critique de renom, est également poète. Il a publié dernièrement en tant que poésie : *Travaux d'approche* (Poésie / Gallimard). Mais il faut dire que certains de ses textes : *Mobiles, Réseau aérien, Illustrations* laissent pressentir et montrent un langage poétique à la mesure des temps modernes.

RÉSEAU AÉRIEN

D Gorge de nuages.
E Torse de nuages.
Tous les métaux dans les nuages.
Casques d'acier.
Coulées de plomb.
Flaque de mercure.
A Par une lucarne, un hublot de nuages, les
gratte-ciel de Chicago.
g Fumées du port.
Lac Michigan.
Traînées de pluie.
Un arc-en-ciel.
Une tache noire sur l'eau.

. . . .

D Soleil qui baisse.
Dessus les nuages.
Métaux de nuages.
Limaille de fer.
Sphères de fonte.
Lames de tôle.
A Par un regard, par un oculus de ces nuages,
les grues et les usines de Detroit.
g Fumées de houille.
Le lac Saint-Clair.
Le lac Erié.
Windsor au Canada.
Une traînée de pluie.
E Le soleil.
D Baisse sur nuages.
Métaux en nuages.
Poudre d'étain.
Fils de platine.
Filons de zinc.

A Par un voyant, par une trappe des nuages les quais et les bassins de Montréal.
g Gares et parcs.
Traînées de pluie.
Virage.
L'aérodrome.
Pistes luisantes.

Réseau aérien

Notes, dessins, poèmes personnels.

“L’ Amour, la Mort, la Vie”

LES PYGMÉES DE LA FORÊT ÉQUATORIALE

On imagine que cette lamentation lancinante est dansée interminablement. Son rythme sollicite musique tambourinée et mouvement.

Nous rêverons aux petits hommes de la forêt équatoriale sans chercher dans cette complainte un quelconque exotisme.

Puisqu'elle nous concerne dans l'essentiel de notre angoisse devant la mort. Et la calme.

POUR DIRE :
Ne peut que se lire sans effets.

L'AUTEUR :

Pour eux, comme pour beaucoup de peuples la poésie n'est pas un ornement « pour la vie et la mort ».

Elle s'identifie à l'un comme à l'autre, et sur ce plan, c'est nous qui somme les primitifs.

COMPLAINTE MORTUAIRE A DEUX VOIX

— L'animal court, il passe, il meurt. Et c'est le grand froid.

— C'est le grand froid de la nuit, c'est le noir.

— L'oiseau vole, il passe, il meurt. Et c'est le grand froid.

— C'est le grand froid de la nuit, c'est le noir.

— Le poisson fuit, il passe, il meurt. Et c'est le grand froid.

— C'est le grand froid de la nuit, c'est le noir.

— L'homme mange et dort. Il meurt. Et c'est le grand froid.

— C'est le grand froid de la nuit, c'est le noir.

— Et le ciel s'est éclairé, les yeux se sont éteints, l'étoile resplendit.

— Le froid est en bas, la lumière en haut.

— L'homme a passé, l'ombre a disparu, le prisonnier est libre.

Khvum ! Vers toi notre appel !

Afrique équatoriale, Pygmées
Les Pygmées de la forêt équatoriale
Traduction Trilles

ARTHUR RIMBAUD

Ce très célèbre sonnet de Rimbaud figure ici parce qu'il dit (sans le dire) le drame de la mort violente et absurde des jeunes hommes à la guerre et cela avec la pudeur terrible d'un poète de seize ans.

Les enfants de notre temps, nos enfants, agressés de toute part par la violence des hommes et de l'époque, y trouveront une intense émotion, du moins nous l'espérons, mais une émotion qui n'est jamais provocante.

POUR DIRE :

Une sorte de marche d'abord émerveillée, puis étonnée, puis silencieuse, puis tendre, puis angoissée avec le dernier vers.

C'est à partir de lui que le poème prend un autre sens, son sens, et que la relecture est différente.

Veiller aux enjambements et maintenir le rythme prosodique.

Par exemple :

« Les pieds dans les glaïeuls, il dort.
Souriant comme
Sourirait un enfant malade,
il fait un somme... »

Bien lier :

... souriant comme sourirait un enfant...

Et en même temps suspendre légèrement la voix après « comme » pour marquer la rime, etc.

Dans le dernier vers il est préférable de ne pas faire la liaison :

« Il a deux trous rouges au côté droit. »

Mais alors marquer un temps. C'est le moment où tout le poème prend son sens tragique.

L'AUTEUR :

Né à Charleville en 1854, Rimbaud avait achevé en 1873 toute son œuvre poétique. Il devait mourir à Marseille en 1891 après une vie d'aventures. Il voulait « changer la vie ». Il a changé la poésie.

LE DORMEUR DU VAL

C'est un trou de verdure où chante une rivière
Accrochant follement aux herbes des haillons
D'argent ; où le soleil, de la montagne fière,
Luit : c'est un petit val qui mousse de rayons.

Un soldat jeune, bouche ouverte, tête nue,
Et la nuque baignant dans le frais cresson bleu,
Dort ; il est étendu dans l'herbe, sous la nue,
Pâle dans son lit vert où la lumière pleut.

Les pieds dans les glaïeuls, il dort. Souriant comme
Sourirait un enfant malade, il fait un somme :
Nature, berce-le chaudement : il a froid.

Les parfums ne font pas frissonner sa narine ;
Il dort dans le soleil, la main sur sa poitrine
Tranquille. Il a deux trous rouges au côté droit.

Poésies

BERNARD DE VENTADOUR

Ce court poème, qui nous parvient dans la très belle traduction du poète occitan René Nelli, est d'une telle plénitude, d'une telle joie débordante que tout commentaire serait triste.

L'AUTEUR :

On sait qu'il est mort vers l'an 1200. On dit qu'il fut le plus aimable des troubadours. L'amour de la vie, l'amour de l'amour furent son unique inspiration.

J'ai le cœur si plein de joie
Qu'il transmue Nature
Le gel me semble fleur blanche
Vermeille et dorée.
Avec le vent et la pluie
Mon bonheur s'accroît ;
C'est pourquoi mon Prix s'exalte
Et mon chant s'épure.
J'ai tant d'amour au cœur
De joie et de douceur
Que frimas est une fleur
Et neige, douceur.

Traduction René Nelli

ROBERT DESNOS

Un des plus beaux poèmes d'amour de Robert Desnos.

Un poème d'amour à mettre entre toutes les mains.

Populaire comme une chanson populaire avec ses répétitions, les éléments, la mer, les bateaux...

Secret en même temps et la pure image de la ferveur.

POUR DIRE :
Le poème peut se dire en accélérant progressivement le débit pour atteindre une certaine exaltation.

L'AUTEUR :

Né à Paris en 1900, mort en 1945 en déportation.

Il a voulu selon ses propres paroles « unir le langage populaire, le plus populaire, à une atmosphère inexprimable ».

Les enfants ne connaissent de lui que ses « Chantefables ».

Qui ne sont qu'un petit aspect de ce grand poète pour tous.

CHANT DU CIEL

La fleur des Alpes disait au coquillage : « tu luis »
Le coquillage disait à la mer : « tu résonnes »
La mer disait au bateau : « tu trembles »
Le bateau disait au feu : « tu brilles »
Le feu me disait : « je tremble moins que ton cœur quand elle
paraît »
La mer me disait : « je résonne moins que son nom en ton
amour »
Le coquillage me disait : « je luis moins que le phosphore du
désir dans ton rêve creux »
La fleur des Alpes me disait : « elle est belle »
Je disais : « elle est belle, elle est belle, elle est émouvante ».

Corps et Biens

PAUL ELUARD

Entre Bernard de Ventadour et Paul Eluard, à travers les siècles, la force de l'amour rayonne dans la même simplicité élémentaire.

Le dépouillement du texte d'Eluard atteint cependant ici une perfection absolue. Aucun adjectif.

Le monde extérieur. Le monde intérieur peuplé de la femme aimée.

Et le verbe qui rend claire toute l'œuvre d'Eluard :

« Je t'ai vue... »

POUR DIRE :

Des vers presque réguliers.

L'énumération chère au poète.

Les mots se suffisent. Chercher un ton « neutre ».

En opposant cependant le poème au caractère sentencieux et définitif du dernier vers.

L'AUTEUR :

De son vrai nom Eugène Grindel. Il est né à Saint-Denis en 1895, et mort en 1952. Paul Eluard est un des plus grands poètes français du XXe siècle. Surréaliste de la première heure, il a chanté, durant toute sa vie, l'amour, l'enfance, les combats pour la liberté et la justice. Car ce poète fut également un militant.

AIR VIF

J'ai regardé devant moi
Dans la foule je t'ai vue
Parmi les blés je t'ai vue
Sous un arbre je t'ai vue

Au bout de tous mes voyages
Au fond de tous mes tourments
Au tournant de tous les rires
Sortant de l'eau et du feu

L'été l'hiver je t'ai vue
Dans ma maison je t'ai vue
Entre mes bras je t'ai vue
Dans mes rêves je t'ai vue

Je ne te quitterai plus.

Derniers poèmes d'amour

LA FONTAINE

J'ai longtemps hésité à faire figurer dans ce « Livre d'Or » cette fable qui pourra paraître difficile.

Mais on ignore tant le « poète » La Fontaine pour avoir trop connu (ou cru connaître) le fabuliste que j'ai un peu conscience de réparer une injustice.

Et il fallait bien que l'on entende ces vers :

« Solitude où je trouve une douceur secrète
Lieux que j'aimai toujours ne pourrai-je jamais
Loin du monde et du bruit goûter l'ombre et le frais... »

Le détail du texte s'éclairera tout naturellement plus tard.

POUR DIRE :

Le petit récit qui précède le « poème » sur le ton traditionnel et un peu maniéré de la « diction des fables ».

Pour marquer le contraste. Car ensuite il s'agit de trouver une respiration paresseuse et voluptueuse.

Commencer par une bonne analyse de la structure grammaticale.

Ce n'est pas le lieu ici...

MOTS :

L'interprète : celui qui explique les songes et leur donne une « interprétation ».

Les neufs Sœurs : les neuf Muses.

Les clartés errantes : les astres.

La Parque : l'une des trois divinités qui présidait selon les Anciens à la naissance, à la vie, à la mort. Ici celle qui entretient la vie, qui « tisse », qui « ourdit » la toile.

Lambris : décoration somptueuse d'un palais.

L'AUTEUR :

Né à Château-Thierry en 1621, mort en 1695.

On a dit de notre fabuliste national qu'il n'était pas un auteur pour les enfants (Rousseau, Lamartine, Eluard l'ont dit).

Mais on l'a trop dit.

A condition de ne pas prendre les « morales » au sérieux, de ne pas abuser prématurément de ces textes d'une grande subtilité (il faut se réserver des plaisirs pour plus tard), le scandale serait grand de se priver de ces rêves-là, et d'en priver des générations !

LE SONGE D'UN HABITANT DU MOGOL

Jadis certain Mogol vit en songe un vizir
Aux Champs Elysiens possesseur d'un plaisir
Aussi pur qu'infini, tant en prix qu'en durée :
Le même songeur vit en une autre contrée
        Un ermite entouré de feux,
Qui touchait de pitié même les malheureux.
Le cas parut étrange, et contre l'ordinaire :
Minos en ces deux morts semblait s'être mépris.
Le dormeur s'éveilla, tant il en fut supris.
Dans ce songe pourtant soupçonnant du mystère,
        Il se fit expliquer l'affaire.
L'interprète lui dit : « Ne vous étonnez point ;
Votre songe a du sens ; et, si j'ai sur ce point
        Acquis tant soit peu d'habitude,
C'est un avis des dieux. Pendant l'humain séjour,
Ce vizir quelquefois cherchait la solitude ;
Cet ermite aux vizirs allait faire sa cour. »

Si j'osais ajouter au mot de l'interprète,
J'inspirerais ici l'amour de la retraite :
Elle offre à ses amants des biens sans embarras,
Biens purs, présents du ciel, qui naissent sous les pas
Solitude, où je trouve une douceur secrète,
Lieux que j'aimai toujours, ne pourrai-je jamais,
Loin du monde et du bruit, goûter l'ombre et le frais ?
Oh ! qui m'arrêtera sous vos sombres asiles ?
Quand pourront les neuf Sœurs, loin des cours et des villes,
M'occuper tout entier, et m'apprendre des cieux
Les divers mouvements inconnus à nos yeux,
Les noms et les vertus de ces clartés errantes
Par qui sont nos destins et nos mœurs différentes !
Que si je ne suis né pour de si grands projets,
Du moins que les ruisseaux m'offrent de doux objets !
Que je peigne en mes vers quelque rive fleurie !
La Parque à filet d'or n'ourdira point ma vie,
Je ne dormirai point sous de riches lambris :
Mais voit-on que le somme en perde de son prix ?
En est-il moins profond, et moins plein de délices ?
Je lui voue au désert de nouveaux sacrifices
Quand le moment viendra d'aller trouver les morts,
J'aurai vécu sans soins, et mourrai sans remords.

Fables

Notes, dessins, poèmes personnels.

Liberté

VICTOR HUGO

Les détracteurs de Hugo nous ennuient.
Ils diront que vraiment cela suffit, que ce texte est dépassé et que les jeunes d'aujourd'hui ne sont plus concernés.
Si j'avais eu de la place j'aurais volontiers et bêtement présenté *Les Pauvres Gens,* un texte que l'on a presque toujours lu à l'envers.
« Souvenir de la nuit du 4 » est un texte plus fort encore
plus actuel :
— on tue encore des enfants.

Et puis sur un autre plan, quel poète est capable, sans ridicule, d'écrire dans un poème d'un tel souffle, des vers dont la simplicité et le « prosaïsme » loin de détruire le texte le portent à son plus haut niveau d'efficacité.

Par exemple :

« Il avait dans la poche
une toupie en bois »
ou bien
« Son crâne était ouvert
comme un bois qui se fend »

Pour l'anecdote, il s'agit du récit d'un fait divers ; un enfant tué lors des fusillades ayant accompagné le coup d'Etat de Louis-Napoléon Bonaparte autour du 2 décembre 1851.

POUR DIRE :
Eviter à tout prix « d'en remettre ».
Le texte suffit. Le drame est dans le texte.
Nous ne sommes pas les acteurs du drame.
Nous le lisons en suggérant l'émotion, non en la manifestant.

L'AUTEUR :

Voir notice, p. 12.

SOUVENIR DE LA NUIT DU QUATRE

L'enfant avait reçu deux balles dans la tête.
Le logis était propre, humble, paisible, honnête ;
On voyait un rameau béni sur un portrait.
Une vieille grand'mère était là qui pleurait.
Nous le déshabillions en silence. Sa bouche,
Pâle, s'ouvrait ; la mort noyait son œil farouche ;
Ses bras pendants semblaient demander des appuis.
Il avait dans sa poche une toupie en buis.
On pouvait mettre un doigt dans les trous de ses plaies.
Avez-vous vu saigner la mûre dans les haies ?
Son crâne était ouvert comme un bois qui se fend.
L'aïeule regarda déshabiller l'enfant,
Disant : — Comme il est blanc ! approchez donc la lampe.
Dieu ! ses pauvres cheveux sont collés sur sa tempe ! —
Et quand ce fut fini, le prit sur ses genoux.
La nuit était lugubre ; on entendait des coups
De fusil dans la rue où l'on en tuait d'autres.
— Il faut ensevelir l'enfant, dirent les nôtres.
Et l'on prit un drap blanc dans l'armoire en noyer.
L'aïeule cependant l'approchait du foyer,
Comme pour réchauffer ses membres déjà roides.
Hélas ! ce que la mort touche de ses mains froides
Ne se réchauffe plus aux foyers d'ici-bas !
Elle pencha la tête et lui tira ses bas,
Et dans ses vieilles mains prit les pieds du cadavre.
— Est-ce que ce n'est pas une chose qui navre !
Cria-t-elle ; Monsieur, il n'avait pas huit ans !
Ses maîtres, il allait en classe, étaient contents.
Monsieur, quand il fallait que je fisse une lettre,
C'est lui qui l'écrivait. Est-ce qu'on va se mettre
A tuer les enfants maintenant ? Ah ! mon Dieu !
On est donc des brigands ? Je vous demande un peu,
Il jouait ce matin, là, devant la fenêtre !
Dire qu'ils m'ont tué ce pauvre petit être !
Il passait dans la rue, ils ont tiré dessus.
Monsieur, il était bon et doux comme un Jésus.
Moi je suis vieille, il est tout simple que je parte ;
Cela n'aurait rien fait à monsieur Bonaparte

De me tuer au lieu de tuer mon enfant ! —
Elle s'interrompit, les sanglots l'étouffant,
Puis elle dit, et tous pleuraient près de l'aïeule :
— Que vais-je devenir à présent toute seule ?
Expliquez-moi cela, vous autres, aujourd'hui.
Hélas ! je n'avais plus de sa mère que lui.
Pourquoi l'a-t-on tué ? je veux qu'on me l'explique.
L'enfant n'a pas crié vive la République. —

Nous nous taisions, debout et graves, chapeau bas,
Tremblant devant ce deuil qu'on ne console pas.

Vous ne compreniez point, mère, la politique.
Monsieur Napoléon, c'est son nom authentique,
Est pauvre, et même prince ; il aime les palais ;
Il lui convient d'avoir des chevaux, des valets,
De l'argent pour son jeu, sa table, son alcôve,
Ses chasses ; par la même occasion, il sauve
La famille, l'église et la société ;
Il veut avoir Saint-Cloud, plein de roses l'été,
Où viendront l'adorer les préfets et les maires ;
C'est pour cela qu'il faut que les vieilles grand'mères,
De leurs pauvres doigts gris que fait trembler le temps,
Cousent dans le linceul des enfants de sept ans.

Les Châtiments

Notes, dessins, poèmes personnels.

RENÉ GUY CADOU

En octobre de l'année 1941, les Allemands fusillèrent cinquante otages dans une carrière proche de la petite ville de Chateaubriant. René Guy Cadou, alors instituteur dans un village de la région, vit les corps des suppliciés, dans un camion de l'armée d'occupation.

D'où ce poème, dont il est très difficile de parler sans paraître oublier une réalité toujours présente.

Ici la poésie n'a besoin que d'elle-même.

Elle nous le dit (comme aux bourreaux) :

> « Et leur seul regret est que ceux
> Qui vont les tuer n'entendent pas
> Le bruit énorme des paroles... »

POUR DIRE :

Comme un constat.

Avec une sorte de tension contenue.

Avec des reprises « de souffle » : ... Ils sont...

Ils ont...

Le pronom « ils » est rempli de sens.

Le dernier vers peut être crié.

L'AUTEUR :

Voir notice, p. 72

LES FUSILLÉS DE CHATEAUBRIANT

Ils sont appuyés contre le ciel
Ils sont une trentaine appuyés contre le ciel,
Avec toute la vie derrière eux
Ils sont pleins d'étonnements pour leur épaule
Qui est un monument d'amour

Ils n'ont pas de recommandations à se faire
Parce qu'ils ne se quitteront jamais plus
L'un d'eux pense à un petit village
Où il allait à l'école
Un autre est assis à sa table
Et ses amis tiennent ses mains
Ils ne sont déjà plus du pays dont ils rêvent
Ils sont bien au-dessus de ces hommes
Qui les regardent mourir
Il y a entre eux la différence du martyre
Parce que le vent est passé là où ils chantent
Et leur seul regret est que ceux
Qui vont les tuer n'entendent pas
Le bruit énorme des paroles
Ils sont exacts au rendez-vous
Ils sont même en avance sur les autres
Pourtant ils disent qu'ils ne sont plus des apôtres
Et que tout est simple
Et que la mort surtout est une chose simple
Puisque toute liberté se survit.

Pleine Poitrine

PIERRE EMMANUEL

Le même événement tragique, le massacre de Chateaubriant, est à l'origine de ce court poème de Pierre Emmanuel, écrit en 1942, très peu de temps après le drame.

Comme trois rafales, les trois strophes accusent.

La dernière annonce également que « toute liberté se survit », car le mot « greffé » est plein de tout son sens.

POUR DIRE :
Le principal est de savoir peupler le silence qui peuple tout le poème.

L'AUTEUR :

Né en 1916. Une voix unique dans la poésie française contemporaine. L'architecte de grands textes massifs et puissants, et de courts poèmes denses comme des pulsations élémentaires. Les uns et les autres ne sont qu'une seule œuvre. Mort en 1984.

LE ROULEMENT DES ROUES

Le roulement des roues
Les cahots des ténèbres
Les tambours qui s'ébrouent
La lune aux mains de neige

Cinq heures attachés
Reprendront-ils racine
Ces arbres arrachés
Au cœur las de nos villes

Paris Nantes Bordeaux
Nos peines capitales
Nos vergers les plus beaux
Sont greffés par les balles.

Cantos

BERTOLT BRECHT

Ce texte est pour moi capital.

Car la poésie c'est *aussi* cela.

C'est-à-dire comme le dit Antonio Machado : « l'impératif de l'essentiel ».

On ne peut rien ajouter.

POUR DIRE :
Et pour dire ce texte, le seul ton qui convienne est le ton de l'évidence.

L'AUTEUR :

Voir notice, p. 102.

MON GÉNÉRAL, VOTRE TANK EST SI SOLIDE !

Il couche une forêt, il écrase
cent hommes.
Mais il a un défaut :
il a besoin d'un mécanicien.

Mon général, votre bombardier est si puissant !
il vole plus vite que l'orage
et transporte plus qu'un éléphant.
Mais il a un défaut :
il a besoin d'un pilote.

Mon général, l'homme est très utile !
Il sait voler, il sait tuer.
Mais il a un défaut :
il sait penser.

Chansons et Poésies
Traduction A. Bosquet

PAUL ELUARD

Le dernier vers de ce poème proclame que toute poésie, toute possibilité de poésie, pour l'enfant et pour l'homme, pour l'imaginaire et le réel, pour le langage et pour la liberté, passe par ce combat.

POUR DIRE :
Au terme de ces trois « Livre d'Or » je n'ai rien d'autre à dire.

L'AUTEUR :

Voir notice, p. 118

UN COMPTE A RÉGLER

Dix amis sont morts à la guerre
Dix femmes sont mortes à la guerre
Dix enfants sont morts à la guerre
Cent amis sont morts à la guerre
Cent femmes sont mortes à la guerre
Cent enfants sont morts à la guerre
Et mille amis et milles femmes et mille enfants

Nous savons bien compter les morts
Par milliers et par millions
On sait compter mais tout va vite
De guerre en guerre tout s'efface

Mais qu'un seul mort soudain se dresse
Au milieu de notre mémoire
Et nous vivons contre la mort
Nous nous battons contre la guerre

Nous luttons pour la vie.

Poèmes pour tous

BORIS VIAN

Cette « chanson du condamné à mort » est de tous les temps.

Elle dit l'inestimable amour de la vie qu'éprouve cet homme qui va mourir (peut-être Boris Vian lui-même qui souffrait d'une maladie de cœur et se savait condamné).

Elle dit l'indifférence de celui qui va mourir et qui vit encore et regarde le monde, et sa prison et l'instrument de son supplice, pour ceux qui « cassent le monde ».

De ce fait le poème prend une portée générale et il devient (mais chacun peut faire une lecture différente, une sorte de chant alterné de la vie et de la mort, où la vie de toute façon l'emporte.

POUR DIRE :
D'ordinaire, la poésie de Vian devrait se dire « à distance », avec le détachement de l'humour.

Il en reste des traces ici. Mais aussi la tendresse de Boris Vian y est sans ambiguïté.

Noter les répétitions, le rythme haletant (propre au poète qui respirait mal).

Le tout comme une marche lente vers la mort et la vie.

L'AUTEUR :

Né à Ville-d'Avray en 1920, mort à Paris en 1959.

Ingénieur, trompettiste de jazz, auteur dramatique, romancier, poète ; célèbre brusquement. Trop célèbre peut-être car on a oublié que Vian est un vrai poète et que sa pudeur est sa vraie force.

Ils cassent le monde
En petits morceaux
Ils cassent le monde
A coups de marteau
Mais ça m'est égal
Ça m'est bien égal
Il en reste assez pour moi
Il en reste assez
Il suffit que j'aime
Une plume bleue
J'aurai toujours un peu d'air
Un petit filet de vie
Dans l'œil un peu de lumière
Et le vent dans les orties
Et même, et même
S'ils me mettent en prison
Il en reste assez pour moi
Il en reste assez
Il suffit que j'aime
Cette pierre corrodée
Ces crochets de fer
Où s'attarde un peu de sang
Je l'aime, je l'aime
La planche usée de mon lit
La paillasse et le châlit
La poussière de soleil
J'aime le judas qui s'ouvre
Les hommes qui sont entrés
Qui s'avancent, qui m'emmènent
Un chemin de sable
Un oiseau peureux
Il suffit que j'aime
Un brin d'herbe mince
Une goutte de rosée
Un grillon de bois
Ils peuvent casser le monde
En petits morceaux
Il en reste assez pour moi
Il en reste assez

Retrouver la vie du monde
Et retrouver la couleur
J'aime ces deux longs montants
Ce couteau triangulaire
Ces messieurs vêtus de noir
C'est ma fête et je suis fier
Je l'aime, je l'aime
Ce panier rempli de son
Où je vais poser ma tête
Oh, je l'aime pour de bon
Il suffit que j'aime
Un petit brin d'herbe bleue
Une goutte de rosée
Un amour d'oiseau peureux
Ils cassent le monde.
Avec leurs marteaux pesants
Il en reste assez pour moi
Il en reste assez, mon cœur.

Poésies

Nous tenons à remercier MM. les Editeurs qui nous ont autorisés à reproduire les poèmes dont ils conservent l'entier copyright :

Les Editions de l'Arche pour *Chanson du Marchand* de Bertolt Brecht.

Les Editions Bloud et Gay pour *Complainte mortuaire à deux voix.*

Les Editions Bourrelier pour le poème de Lucien Jacques.

Le Club Français du Livre pour le poème de Wang-Wei.

Les Editions Corrêa pour *Au feu!* (chant du Gabon).

Les Editions Denoël pour les poèmes de Pierre Albert-Birot et Blaise Cendrars.

Les Editions Emile-Paul pour le poème de Paul-Jean Toulet.

Les Editions Flammarion pour les poèmes de Paul Fort et de Pierre Reverdy.

Les Editeurs Français Réunis pour *Un compte à régler* de Paul Eluard et les poèmes de Pablo Neruda.

Les Editions Gallimard pour les poèmes de Guillaume Apollinaire, Michel Butor, René Char, Georges Chennevière, Paul Claudel, Jean Cocteau, René Daumal, Robert Desnos, Paul Eluard, Léon-Paul Fargue, Jean Follain, Maurice Fombeure, André Frénaud, Guillevic, Philippe Jaccottet, Valery Larbaud, Federico Garcia Lorca, Jean Marcenac, Henri Michaux, Francis Ponge, Henri Pourrat, Jacques Prévert, Raymond Queneau, Armand Robin, Claude Roy, Saint-John Perse, Jules Supervielle, Jean Tardieu.

Les Editions Grasset pour les poèmes d'André Spire.

Les Editions de la Maison du Poète pour le poème d'Edmond Vandercammen.

Les Editions du Mercure de France pour le poème d'Emile Verhaeren.

M. René de Obaldia.

Les Editions Pierre-Jean Oswald pour les poèmes de Li Ying et de Tchicaya U Tam'Si.

Les Editions Jean-Jacques Pauvert pour le poème de Boris Vian.

Les Editions Présence Africaine pour le poème de Guy Tirolien.

La Librairie Saint-Germain-des-Prés pour *Le Bateau des Exilés* (*Poèmes et Chants de Kabylie*) et le poème d'Alain Borne.

Les Editions du Seuil pour le poème de Pierre Emmanuel.

M. Philippe Soupault.

Table

Présentation : DES LIVRES POUR VIVRE ! 5

Jeux de Mots

ANONYME. XVIIIe SIECLE. — Les Mensonges 10
VICTOR HUGO. — Chanson de Gavroche 12
JULES LAFORGUE. — La Chanson du petit hypertrophique .. 14
THEOPHILE DE VIAU. — Ode 18
RENE DE OBALDIA. — Moi j'irai dans la Lune 20
XAVIER FORNERET. — Un pauvre honteux 24

Dehors

JOACHIM DU BELLAY. — D'un vanneur de blé aux vents 30
VICTOR HUGO. — *Ce silence du soir...* 32
ALOYSIUS BERTRAND. — Le Clair de Lune 34
CHARLES BAUDELAIRE. — Harmonie du soir 36
SAINT-JOHN PERSE. — *L'hiver venu...* 38
THEOPHILE DE VIAU. — Le Matin 40

« L'Eau et les Rêves »

PIERRE LE MOYNE. — Un liquide miroir 46
RENE CHAR. — La Sorgue 48
CLAUDE ROY. — La Rivière endormie 50
MAURICE FOMBEURE. — Chanson de la pluie 52
RAYMOND QUENEAU. — Il pleut 54
JULES SUPERVIELLE. — La Mer secrète 56

Maisons Intérieurs

PIERRE DE RONSARD. — *Quand vous serez bien vieille...* .. 62
VICTOR HUGO. — Ecrit sur la vitre d'une fenêtre flamande .. 64
PIERRE REVERDY. — Calme intérieur 66
LEON-PAUL FARGUE. — Intérieur 68
JULES SUPERVIELLE. — Les Fleurs du papier de ta chambre 70
RENE GUY CADOU. — Celui qui entre par hasard 72

Des Gens

SAINT-AMAND. — Les Goinfres 78
PAUL VERLAINE. — *Gaspard Hauser chante :* 80
ARMAND ROBIN. — L'Illettré 82
ANDRE FRENAUD. — *Depuis le froid de l'aube...* 84
RENE DEPESTRE. — Minerai noir 86
JULES SUPERVIELLE. — Les Amis inconnus 88

Villes

VALERY LARBAUD. — L'Ancienne Gare de Cahors 94
PHILIPPE SOUPAULT. — Chanson du bout du quai 96
EMILE VERHAEREN. — Les Usines 98
POEMES DU PEUPLE CHINOIS. — Les Portes de jade 100
BERTOLT BRECHT. — Chant de la marchandise (chanson du marchand) 102
MICHEL BUTOR. — Réseau aérien 104

« *L'Amour, la Mort, la Vie* »

LES PYGMEES DE LA FORET EQUATORIALE. — Complainte mortuaire à deux voix 110
ARTHUR RIMBAUD. — Le Dormeur du Val 112
BERNARD DE VENTADOUR. — *J'ai le cœur si plein de joie...* 114
ROBERT DESNOS. — Chant du Ciel 116
PAUL ELUARD. — Air vif 118
JEAN DE LA FONTAINE. — Le Songe d'un habitant du Mogol 120

Liberté

VICTOR HUGO. — Souvenir de la nuit du quatre 126
RENE GUY CADOU. — Les Fusillés de Chateaubriant 130
PIERRE EMMANUEL. — Le Roulement des roues 132
BERTOLT BRECHT. — Mon Général, votre tank est si solide ! 134
PAUL ELUARD. — Un compte à régler 136
BORIS VIAN. — *Ils cassent le monde...* 138

Achevé d'imprimer par Impressions Dumas, 42100 Saint-Étienne
D.L. 4-1998 – Éditeur n° 31527 – Imprimeur n° 34324
Imprimé en France